Introdução à Alquimia

Brian Cotnoir
James Wasserman (org.)

Introdução à Alquimia

Tradução:
CLEUSA MARGÔ WOSGRAU

Editora
Pensamento
SÃO PAULO

Título original: *The Weiser Concise Guide to Alchemy.*

Publicado originalmente por Red Wheel/Weiser.

Revisão técnica: Newton Roberval Eichemberg.

Dados Internacionais de Catalogação na Publicação (CIP)
(Câmara Brasileira do Livro, SP, Brasil)

Cotnoir, Brian
Introdução à alquimia / Brian Cotnoir ; James Wasserman (org.) ; tradução Cleusa Margô Wosgrau. – São Paulo : Pensamento, 2009.

Título original: The weiser concise guide to alchemy.
Bibliografia.
ISBN 978-85-315-1570-5

1. Alquimia 2. Alquimia – História I. Wasserman, James. II. Título.

09-02553 CDD-540.11209

Índices para catálogo sistemático:
1. Alquimia : Química : História 540.11209

O primeiro número à esquerda indica a edição, ou reedição, desta obra. A primeira dezena à direita indica o ano em que esta edição, ou reedição, foi publicada.

Edição	Ano
1-2-3-4-5-6-7-8-9-10-11	09-10-11-12-13-14-15

Direitos de tradução para o Brasil
adquiridos com exclusividade pela
EDITORA PENSAMENTO-CULTRIX LTDA.
Rua Dr. Mário Vicente, 368 — 04270-000 — São Paulo, SP
Fone: 2066-9000 — Fax: 2066-9008
E-mail: pensamento@cultrix.com.br
http://www.pensamento-cultrix.com.br
que se reserva a propriedade literária desta tradução.

Se o tolo persistisse na sua tolice, ele se tornaria sábio.

PROVÉRBIOS DO INFERNO
William Blake

Este livro é dedicado:

A RC, que me ensinou a ler e me mostrou que a curiosidade pode ter matado o gato, mas "a satisfação o trouxe de volta".

A FC, que me ensinou que não existe nada sobrenatural, apenas leis naturais que não compreendemos.

A EW, pela gramática, elegância e beleza.

Às dakinis ML, LC, SC, SF, MM e ST, que me deram olhos, coração e mãos — luz, amor e proteção.

Sororis mysticae meae, múj mlok LV.

Aos meus professores, muito numerosos para citar os nomes de todos.

A todos os que partiram antes
e
àqueles que virão depois.

Espero que somente o bem advenha desta obra.

Agradecimentos

Quero agradecer a:

James Wasserman

a oportunidade de apresentar este

"relatório do *front*" e sua paciência e fé em mim;

Sandra Feist, Ina L. Chow, e Maria Levitsky,

as correções e sugestões;

Lucille Carra, Ellen Wood, e Lenka Varekova

as ponderações e o incentivo;

Sesthasak Boonchai e Susan McCann

as ilustrações do livro;

e finalmente a Tover o empréstimo de sua mamãe.

Advertência

A prática da alquimia envolve a manipulação de substâncias químicas e a aplicação de técnicas que podem ser perigosas ou fatais quando feitas inadequadamente. Ao longo do texto fizemos todo o esforço possível para incentivar o praticante tanto a tomar precauções de segurança nos experimentos sugeridos como a passar por um treinamento formal em procedimentos laboratoriais. No preparo de ervas, consulte um médico antes de ingerir qualquer chá ou tintura aqui descritos. O autor, o organizador, e a editora eximem-se de toda responsabilidade por acidentes ou problemas que resultem do uso imprudente desse material. O único propósito deste livro é oferecer informações ao leitor.

SUMÁRIO

INTRODUÇÃO

James Wasserman

É um prazer todo especial apresentar este brilhante livro sobre alquimia escrito por meu amigo Brian Cotnoir. Há cerca de trinta anos, Brian entrou na Livraria Samuel Weiser, na Cidade de Nova York, onde eu então trabalhava. Eu tinha 24 anos, Brian 17. Sua absoluta seriedade de propósito me tocou naquela época e continua sendo meu ponto de referência até hoje.

Brian diz que este livro é o que ele gostaria de ter tido à mão quando iniciou seus estudos de alquimia. Eu desafio qualquer leitor a encontrar um guia mais sucinto e claro para essa ciência e arte. Brian começa com o Trabalho. Fugindo inteiramente do que sempre considerei como uma interpretação psicológica superficial de desconstrucionistas modernos levados a trivializar tudo o que está além da sua própria visão limitada da realidade, este livro começa definindo exatamente o que é alquimia e qual a melhor abordagem para aqueles que procuram aprender seus segredos. Técnicas de laboratório e equipamentos são analisados em seguida, de maneira resoluta e séria, realçando a intensidade da visão histórica apresentada na continuidade.

O leitor se dá imediatamente conta de que estamos seguindo os passos de heróis históricos que arriscaram a vida para investigar as profundezas secretas da Natureza Sagrada. E que fizeram isso inflamados pela oração. Assim esses gigantes deram origem à química e à física modernas. No entanto, alguma coisa se perdeu no processo. O defeito do movimento iluminista do século XVIII foi adotar o hiper-racionalismo. O imperativo empírico transtornou a Verdadeira Ciência. O cientista/adepto foi forçado a negar o sentido de humildade e de assombro produzido por sua pesquisa. O amor ao Criador que moldou o milagre da matéria foi relegado às superstições do passado.

O autor prossegue e apresenta uma visão geral detalhada do universo teórico do alquimista praticante. Por que um processo efetuado sobre a matéria resultaria em benefício espiritual para o operador? E como uma ação realizada sobre uma coisa pode transformá-la em algo totalmente diferente? Pode alguém realmente transformar chumbo em ouro? Como Brian escreve:

> Terminando o que a natureza havia começado, separando, purificando e equilibrando os três princípios e recombinando-os, o chumbo podia ser completado e aperfeiçoado, transmutado em ouro.

Sem demora, Brian mergulha o leitor no verdadeiro trabalho alquímico. Começando com o Trabalho com Ervas, você se ocupará com fórmulas e fontes de calor, substâncias químicas e instrumentos de laboratório. Em vez da gratificação instantânea que nossa cultura espera da televisão e do e-mail, você será direcionado a empreender trabalhos da arte alquímica cujos estágios são medidos em meses. Você será sempre lembrado de que orações e mantras, meditação e integridade espiritual, sustentados pela graça, serão o acompanhamento necessário da sua atividade.

Ao concluir o Trabalho com Ervas, você terá desenvolvido as técnicas e habilidades necessárias para iniciar o nível seguinte, pois este livro conduz agora o leitor diretamente ao mais complexo e perigoso Trabalho com Minerais. O autor sugere que você analise a possibilidade de frequentar algumas aulas de técnicas de laboratório numa escola local caso queira tirar maior proveito com estas páginas. Agora você entrará naquele espaço sagrado em que os implementos mágicos do estudioso são o béquer e o queimador, o frasco e a balança.

Você conseguirá pessoalmente transformar chumbo em ouro? Se isso for possível (e eu acredito que é) e se você está disposto a investir o esforço necessário para ter sucesso nesse trabalho, não imagino um livro melhor para introduzi-lo no caminho. E se você já leu outros livros sobre alquimia e ficou desorientado, confuso ou decepcionado, prepare-se para uma experiência transformadora. Aqui você encontrará um guia sapiente para o Caminho do Sábio. E sua excelente bibliografia lhe apontará a direção certa para prosseguir sua jornada.

PREFÁCIO

O objetivo deste livro é oferecer uma passagem para o mundo da alquimia, para seus princípios fundamentais e suas práticas. Este é o tipo de guia que eu gostaria de ter tido quando iniciei minhas pesquisas muitos anos atrás. Espero que este pequeno esforço seja útil aos que pretendem aprofundar-se neste tema.

O livro apresentará um pouco de teoria, básica, porém essencial. Ele tem uma estrutura que deve ser desenvolvida (ou abandonada) à medida que o seu próprio trabalho no caminho alquímico se desenvolver. Para praticar alquimia realmente, as técnicas aplicadas para cozinhar, preparar bebidas fermentadas e fazer fogo são tudo o que é de fato necessário no início, e grande parte da alquimia pode ser praticada apenas com essas técnicas. Parte do trabalho mais avançado exige conhecimento e experiência com altas temperaturas e alguns materiais tóxicos e cáusticos, e por isso recomendo enfaticamente algumas aulas de química aplicada e talvez também de metalurgia para aprender técnicas seguras e manuseio de materiais. Entretanto, para começar, muito do trabalho básico e de preparação para um trabalho alquímico mais avançado pode ser feito com as habilidades mencionadas.

O esboço dos procedimentos, teorias e práticas aqui apresentados é uma destilação das minhas anotações sobre inúmeros planos de trabalho, sonhos e meditações desenvolvidos ao longo do tempo e a partir de pesquisas e experimentos por mim realizados. Essas práticas resultam de alguns trabalhos fundamentais incluídos no plano geral. Tudo foi selecionado a partir de fontes primárias e de alguma forma padronizado em comparação com as práticas de alquimistas contemporâneos como Archibald Cockren, Alexander von Bernus, Augusto Pancaldi, Frater Albertus, Manfred Junius e Jean Dubuis, os quais, de modo geral, desenvolvem uma prática baseada na alquimia e nos escritos de Paracelso (1493-1541).

Assim, o que significa alquimia?

O conceito central na alquimia é transmutação: a mudança fundamental de uma coisa em outra, de um estado mais grosseiro, impuro, para um estado mais refinado, equilibrado e puro. Podemos compreender isso em vários níveis — física, espiritual e simbolicamente.

Na visão de mundo da alquimia, cada coisa em toda a criação é uma mistura dinâmica de corpo, espírito e alma. A condição física de algo é apenas um aspecto desse algo. O coração, por exemplo, não é apenas a bomba física em nosso peito, mas um símbolo vivo de espiritualidade em vários aspectos, todos simultâneos. Para um alquimista, o coração é o centro físico, mental e espiritual da pessoa. Por meio do estudo da natureza, que é uma expressão divina de Deus, também conhecida como teofania de Deus, podemos descobrir Deus.

Abrindo a matéria densa, as obstruções se soltam e a luz começa a permeá-la. A subida a Deus através da criação divina realiza-se pela compreensão e pelo trabalho; passo a passo, degrau por degrau, subimos a escada. Isso é alquimia. É isso que o alquimista busca no mundo: um modo de abrir um corpo — um meio pelo qual o denso, o sólido, o pesado se torna tênue, fluido e leve. Quando a matéria está purificada e aberta à intenção do alquimista e à graça de Deus, a transmutação pode se processar. De fato, alguns afirmam que a transmutação de metais inferiores em ouro é um reflexo do estado interior do alquimista. Outros sustentam que é somente a graça de Deus que efetua a transmutação. Mesmo assim, a vontade do homem, como observou São Macário do Egito, "é uma condição essencial, porque sem ela Deus não faz nada". Somos nós que temos de dar o primeiro passo.

Assim, ao trabalhar com a matéria, ao alcançar as profundezas do seu coração e mudá-lo para um estado líquido, refletivo, como um espelho, os alquimistas trabalham do mesmo modo sobre si mesmos. A alquimia é muito semelhante à iconografia. Um ícone pode ser visto como um vitral que mostra o outro aspecto, o aspecto interior do ser.

Ao criar um ícone, a pessoa trabalha simultaneamente sobre o seu ser interior, o ícone interior.[1]

Tanto a alquimia como a iconografia são *técnicas* de gnose;[2] elas são estágios e degraus na escada de ascensão. Ambas são caminhos para o artista. Ambas trabalham com materiais do mesmo modo — como material vivo, simbólico. A mesma coisa se pode dizer da música e da poesia. Em grego, *poesis* significa "fazer". Os gregos chamaram a alquimia *chrysopoeia*, literalmente, "fazer ouro". "Fazer" neste sentido é o ato de compor, de arranjar os elementos, como na música. Talvez uma tradução melhor de *poesis* seria "compor", de modo que *chrysopoeia* se tornaria "compor ouro". Poder-se-ia considerar a composição de palavras, isto é, a poesia, como um processo alquímico. O poeta escolhe as palavras (isto é, o material) no dicionário, as regras (isto é, as técnicas) num livro de gramática, e a forma poética (isto é, o processo), e cria sua obra de arte.

* * *

Embora possa parecer que a alquimia começa com o inanimado, na verdade ela é um processo vivo e está sempre trabalhando com substâncias vivas. Compreenda que aquilo que você manipula é vivo e vibrante, e comece a trabalhar a partir daí. Como na maioria das artes, a qualidade das matérias-primas é fundamental para se alcançar resultados abundantes e variados no final dos vários processos. Contudo, sem o gênio e o esforço do alquimista/poeta, não teríamos nada. O desenvolvimento interior do alquimista é um dos requisitos essenciais do processo.

E assim começamos. *Ora, lege, lege, lege, relege, labora et invenies.* "Reza, lê, lê, lê, relê, trabalha, e descobrirás." É nisso que consiste o método todo.

O que se segue é o início do trabalho. Tudo é processo.

Mutus liber.
Altus. 1677.

Ora

Deve haver a invocação de Deus,
fluindo das profundezas de um coração puro e sincero,
e uma consciência que deve estar livre de toda ambição,
hipocrisia e vício... Que a oração constante, que lhe
concede essa Bênção, seja o início do seu trabalho.[3]

— Basílio Valentim

A oração (ora) é a chave para a prática. Não é a oração para pedir "Por favor, faça com que aconteça", mas a oração da aspiração, de abrir-se à Divindade e deixar que a luz comece a brilhar através das fendas. É uma recitação consciente; é *dhikr* ou recordação; é a oração do coração.

Eis a oração com que Santo Alberto Magno começa seu *Libellus de alchimia*:[4]

> "Toda sabedoria provém do Senhor Deus, esteve sempre com Ele, e existe antes dos tempos." Quem ama a sabedoria deve buscá-la n'Ele e pedi-la a Ele, "que a concede generosamente a todos, sem recriminações". Porque Ele é a altura e a profundidade de todo conhecimento e o tesouro de toda sabedoria, "pois Dele e através Dele e para Ele são todas as coisas": sem Ele nada pode ser feito; a Ele toda honra e toda glória para sempre. Amém.

Tudo deve começar com uma oração, uma invocação e uma dedicação ao bem maior. Tudo deve começar com boa intenção. Daí em diante, invoque a graça de Deus e dedique o fruto do seu trabalho.

Considerações sobre a Alquimia

Mas há outra ciência que trata da geração das coisas a partir dos elementos e de tudo o que é inanimado... Essa ciência é chamada "alquimia teórica", pois ela teoriza sobre todas as coisas inanimadas e sobre a geração de coisas a partir dos elementos. Há também uma alquimia operativa e prática, que ensina a fazer metais nobres, cores e muitas outras coisas — melhores e mais abundantes pela arte do que as produzidas pela natureza.

— Opus Tertium, Roger Bacon (1214-1294)

Alquimia é uma palavra que passou a significar, no imaginário popular, a mudança de chumbo em ouro. É verdade que muitos alquimistas históricos perseguiram essa meta, cada um com uma motivação diferente. Para alguns, a transmutação era um sinal externo, dramático, mas apenas um sinal, de realização interior; para outros, ela era a demonstração de uma profunda compreensão da natureza. Para inúmeros outros, era o sonho do dinheiro rápido. E para outros ainda era uma forma de trazer paz e prosperidade para os muito pobres e doentes.

Alguns alquimistas dão a seguinte definição de alquimia:

Esta ciência trata dos corpos imperfeitos de minerais, e ensina a torná-los perfeitos.[5] — Geber, século XIII

Alquimia significa: terminar o que não foi completado.[6] — Paracelso, 1540

Alquimia é a ciência e a arte de fazer um pó fermentativo que transmuta os metais imperfeitos em ouro e que serve de remédio universal para todas as doenças naturais dos homens, dos animais e das plantas.[7] — Antoine-Joseph Pernety, 1758

O alquimista contemporâneo, Frater Albertus (1911-1984), referia-se à alquimia como a "sutilização (*raising*) das vibrações",[8] refletindo a visão de Paracelso segundo a qual a alquimia pode transmutar algo "em sua substância final e essência última".[9]

A ideia de transmutação remonta a um passado distante da nossa história, começando com as primeiras atividades de metalurgia e a iniciação no ofício. A alquimia se desenvolveu numa ampla variedade de culturas, geografias e épocas; como a astrologia, ela deve sua origem a inúmeros fatores convergentes no decorrer do tempo. A encruzilhada cosmopolita de Alexandria foi um espaço de encontros especialmente fértil durante os primeiros séculos da nossa era. Ali, a tecnologia egípcia — tanto material como espiritual — encontrou a filosofia grega, o gnosticismo e o hermetismo. A alquimia evoluiu dessa mistura poderosa. Vemos essas influências nos escritos do grego Zózimo de Panópolis (cerca de 300 d.C.), por exemplo. Ela então se propagou do Egito helenístico com os gregos, via monges ortodoxos, para lugares como o Egito e a Síria.

Esses monges foram essenciais para a transmissão da ciência e da filosofia gregas para o Islã, traduzindo textos do grego para o árabe. Um texto alquímico, *Risalat Mariyanus al-Rahib al-hakim li-l-amir Khalid ibn Yazid*, é exatamente o relato de uma transmissão de sabedoria dos alquimistas gregos feita por um monge sírio para Khalid ibn Yazid[10], que apoiava as artes e as ciências, inclusive a alquimia. Essa obra (cujo título em inglês está traduzido como *The Epistle of Maryanus (Morienus), the Hermit and Philosopher, to Prince Khalid ibn Yazid)* [Epístola de Maryanus (Morienus), Eremita e Filósofo, para o Príncipe Khalid ibn Yazid] descreve os ensinamentos que Morienus passou a Khalid referentes ao elixir — isto é, à Pedra Filosofal, o objetivo da Grande Obra, aquela que pode curar as doenças da matéria e dos homens.

A arte e a ciência da alquimia avançaram rapidamente dentro do contexto islâmico, alimentadas pela adoção, por parte do Islã, tanto das ciências naturais como da gnose. Foi Jabir ibn Hayyan (721-815 d.C.) que desenvolveu a ideia de Aristóteles a respeito da formação de metais e minerais numa teoria sobre o Mercúrio e o Enxofre, essencial para se entender alquimia. O médico Al-Razi (865-925 d.C.) desenvolveu um sistema empírico de classificação para os materiais usados na alquimia que prenunciava a química moderna. A alquimia islâmica também recebeu influências da Índia e da China, mas ela é essencialmente de origem helênica.

Dos reinos islâmicos, a alquimia chegou à Europa Ocidental em fevereiro de 1144 com a tradução do *Risalat Mariyanus* do árabe para o latim como *Liber de compositione alchimiae*. Esse foi o início da tradução de muitos tratados árabes para o latim. Jabir ibn Hayyan ficou conhecido como Geber e Al-Razi como Rhazes. Os pensadores europeus do século XIII Roger Bacon (1214-1294) e Santo Alberto Magno (1193-1280) são apenas dois dos escritores que refletem a geração seguinte de alquimistas — aqueles que estavam trabalhando com os textos árabes traduzidos e interpretando-os. E assim a alquimia se disseminou por toda a Europa. Os nomes mais famosos de alquimistas, reais e imaginários, foram Sir George Ripley, Paracelso, Nicolas Flamel, Basílio Valentim, Michael Maier e Isaac Holandês. Esse casamento entre filosofia e tecnologia continuou a se desenvolver até que a alquimia atingiu seu auge na metade do século XVII com Irineu Filaleto, também conhecido pelo seu nome latino Eirenaeus Philalethes. Sir Isaac Newton, ele próprio um alquimista praticante, voltando sua mente para a matéria como fizera com o espaço, talvez tenha sido o último alquimista e o primeiro físico. No final do século XVII, a alquimia já estava totalmente desacreditada. Foi apenas pelo fim do século XIX e início do século XX que ela voltou a despertar o interesse em seus aspectos espiritual, psicológico e de cura. O aspecto físico, quando apresentado, era vigorosamente situado no contexto da medicina ou da iniciação mística.

Entretanto, a alquimia sempre consistiu em dois aspectos: o físico e o espiritual. Alguns alquimistas antigos orientavam-se fortemente para os aspectos químicos do trabalho; mais tarde, outros assumiram uma orientação quase puramente mística. Mas os dois sempre estiveram presentes.

* * *

Esse breve esboço do desenvolvimento da alquimia europeia oferece um horizonte amplo para as análises sobre a teoria e a prática alquímicas que faremos a seguir. A jornada da alquimia é tão variada que uma história definitiva ainda precisa ser escrita. Familiarizar-se com a história da alquimia não é perda de tempo. Se você seguir o caminho alquímico, se defrontará, aqui e ali, com textos em que há descrições de processos que você gostaria de conhecer e cujas instigantes intuições gostaria de compreender. Em termos mais gerais, a história pode oferecer as chaves para o entendimento.

Ao empreender o estudo e a prática da alquimia, é importante lembrar que há muitas alquimias e muitos alquimistas. Sim, eles podem ser agrupados por período, região geográfica, filosofia e religião, mas no cerne da alquimia está o alquimista individual, sua prática individual e seus escritos particulares. O alquimista que está dissertando e o contexto em que o conteúdo ou a prática se inserem devem ser levados em conta ao se refletir sobre qualquer texto. Em termos ainda mais amplos, o contexto é tudo.

Por exemplo, um alquimista empregará a expressão "Leão Verde" para referir-se à estibina, o minério do metal antimônio, ao passo que outro o chamará de vitríolo, um sulfato metálico. No seu contexto, cada um está correto. Procure não se perder no emaranhado de termos, e sim compreender a função que o termo exerce naquele contexto específico. Não presuma que um termo ou símbolo signifique a mesma coisa num escritor e outro, num período e outro, ou mesmo nas obras de um mesmo escritor. Depois de compreender o que o símbolo significa para um alquimista em um determinado processo, pode ser proveitoso examinar outros usos e significados do mesmo símbolo. Ao analisar um símbolo no âmbito de várias línguas, países e culturas, talvez possamos às vezes perceber o centro mais luminoso do símbolo. E com esse centro luminoso em mente, podemos voltar a considerar o símbolo em seu contexto particular e a partir daí começar a perceber um significado mais profundo para esse termo ou símbolo.

> **"Liber enim librum aperit."** *(Um livro abre outro.)*
>
> — Rhazes (al-Razi)

Do mesmo modo como lemos um símbolo no seu contexto, assim fazemos com um livro. Numa interpretação mais estrita da frase "um livro abre outro", um livro é literalmente uma chave para outro livro. Por exemplo, termos ou materiais utilizados em um livro para descrever um processo são definidos e difundidos através de vários livros. Essa era uma maneira de ocultar dos tolos o conhecimento precioso da transmutação, mas ocultá-lo de um modo que, com algum esforço de leitura e estudo, revelava-se um processo que mesmo um tolo poderia começar a compreender.

Por exemplo, suponha uma receita de pão difundida em três textos. No primeiro texto os ingredientes podem ser "trigo, sal, pó de expansão e cristais do sol". O segundo pode dizer: "Fruto de Ceres, pó solar doce e sal". O terceiro e último texto talvez diga: "a única coisa necessária para terminar a tarefa é usar uma água fortalecida pela poeira expansiva coletada na uva alimentada pelo sol". Esses três textos poderiam ser usados em conjunto para interpretar um ao outro. Podemos interpretar os ingredientes como sendo trigo (Fruto de Ceres), sal, possivelmente fermento (pó de expansão/pó da uva)*, possivelmente açúcar (cristais do sol/pó solar doce) e água. Tipicamente, os ingredientes não são relacionados de modo completo ou claro em nenhum dos textos — e, quando são finalmente misturados, em geral ainda restam uma ou duas dúvidas que somente uma tentativa concreta com o processo resolverá.

---

* Referência à poeira esbranquiçada extremamente fina que cobre as cascas das uvas e que são muito ricas em leveduras responsáveis pela fermentação da uva em vinho. (N. do R.)

Para reunir as informações fragmentadas que o autor de uma obra alquímica em particular espalha ao longo do texto, de modo a captar verdadeiramente o significado dessa obra, você precisa ler uma ampla variedade de textos, e em seguida voltar ao texto original e relê-lo. Cada vez que faz isso, você alcança uma compreensão mais rica e profunda, a qual, em combinação com a prática, possibilita que a essência da alquimia comece a se revelar.

Outros métodos foram usados para ocultar dos tolos os segredos da alquimia. Um deles era dar muitos nomes a um mesmo material — enterrando assim efetivamente seu significado em ruído redundante. Outro método consistia em se referir a um ou dois materiais apenas, mas sempre camuflados sob vários termos, de modo que um processo que parecia precisar de nove a dez materiais, na verdade precisava de apenas três ou quatro. Uma terceira maneira de disfarçar uma afirmação verdadeira é negar a sua verdade depois de afirmá-la. Quando uma pessoa deixa escapar um comentário cruamente honesto, mas verdadeiro sobre alguém, uma das reações mais comuns de quem falou, ao reconhecer o resultado danoso das suas palavras, será imediatamente tentar atenuar, se não dissipar de todo, o impacto produzido, com afirmações como "Eu estava só brincando, não queria dizer isso". A mesma coisa se aplica aos textos alquímicos. Quando um escritor declara que vai mostrar o caminho verdadeiro, e logo em seguida continua com uma negação ou desmentido, como "O mercúrio não é o mercúrio comum, mas o mercúrio dos sábios", dando a entender algo diferente do sentido habitual do termo, você deve levar em consideração ambos os significados. Avalie a possibilidade de que um e outro podem estar corretos, e analise e trabalhe a partir daí. Às vezes, você verá que em um texto a afirmação está correta, enquanto em outro texto completamente diferente é a negação que está certa.

O significado era seguidamente encoberto por meio de sinais. Um sinal é um arranjo artificioso. É alguma coisa concebida para representar um significado, como muitos dos sinais alquímicos.

Os sinais são realmente um tipo de taquigrafia, pois remetem clara e diretamente para aquilo que significam. Eles precisam ser aprendidos.

Os sinais têm também sido usados para ocultar o significado, e a menos que se tenha a chave, é impossível compreender o texto. O *Voynich Manuscript* do século XV é um exemplo extremo. Criptografado com imagens e sinais, o manuscrito permanece silencioso até hoje; nenhum dos nossos melhores criptógrafos conseguiu decodificá-lo.

Por outro lado, um símbolo tem uma expressão mais espontânea e, quando visto ou considerado adequadamente, tende a revelar mais do que a ocultar. De fato, o propósito de um símbolo é revelar o significado, e não ocultá-lo. É apenas o estado de confusão e dispersão mental normalmente presentes em nossa própria constituição que obscurece a luz do símbolo. Um símbolo está aberto a um enfoque mais intuitivo à compreensão do seu significado, e na alquimia muitas vezes revelará o material ou um método.

Para entender bem a profundidade e o alcance dos símbolos, é importante lembrar que a alquimia é uma arte e se expressa por meio da arte. Estude e analise as belas-artes e a literatura do período e da localização em relação ao texto ou autor em questão. Em particular, estude descrições de mitos, as histórias bíblicas, as alegorias, os emblemas e a heráldica, nos quais grande parte das imagens alquímicas tem sua origem. Isso também o ajudará a peneirar algumas representações não alquímicas e a compreender que às vezes um alce é apenas um alce.

Um excelente método de estudo é reproduzir à mão as imagens alquímicas, seja desenhando, copiando ou apenas traçando. Isso o obriga a fazer um estudo cuidadoso da composição do símbolo, pois o seu olho capta o detalhe e a sua mão lhe dá expressão. Ao fazer isso, medite sobre os vários significados e funções do símbolo e deixe que ele se revele a você.

Nunca enfatizarei suficientemente a necessidade absoluta de ler e reler, contemplar, ponderar e trabalhar para avançar no caminho alquímico.

A primeira porta de acesso ao trabalho é a teoria. Sem teoria, sem o envolvimento pleno da nossa mente com o trabalho, este se transforma num exercício inútil, como os passatempos do tipo "pintura por núme-

Sinais alquímicos. *Última Vontade e Testamento*. Basílio Valentim, 1671.

ros", se você quiser — bonito e apropriado a um estilo *kitsch*, mas sem importância real. A teoria alquímica que se segue é um esboço geral, mas com detalhes suficientes para possibilitar-lhe compreender um texto alquímico e dar início a um trabalho alquímico verdadeiro.

PRIMEIRA PARTE

TEORIA

CAPÍTULO UM

Os Aspectos da Alquimia

"Nada do que existe tem uma natureza,
mas é apenas mistura e separação do misturado,
e natureza não é senão um nome que o homem lhes dá."[11]

— EMPÉDOCLES

Antes de iniciar uma ação, devemos ter uma imagem mental clara do que queremos fazer, da intenção que a orienta e de como ela se desenvolverá. Esse é o significado da teoria. A palavra *teoria* vem do grego *theoria*, que significa "contemplação", ou mais exatamente, "visão divina". Teoria é um ordenamento mental do quadro geral e do processo. É assim que devemos entender a teoria — isto é, o mundo (ou prática) descrito pela teoria deve ser construído mentalmente e visualizado. A teoria alquímica é na verdade uma cosmologia, um sistema para compreender como elementos, acontecimentos e fenômenos se desdobram, interagem e se dissolvem — em resumo, como nosso universo funciona. O cosmos ou universo representado pela teoria alquímica é de uma riqueza extraordinária, com todos os aspectos da criação interligados. Toda cosmologia depende do nível de focalização e propósito. É uma questão de quanto detalhe e precisão usamos para descrever o que quer que estejamos tentando compreender.

Por exemplo, digamos que o nosso universo seja uma ilha e que queiramos medir a sua circunferência. Medimos a costa em metros ou centímetros, jardas ou polegadas? O que exatamente significam os números? Uma costa medida em centímetros é mais longa do que a mesma costa medida em metros. Como isso é possível? Simplesmente porque o centímetro mede com mais precisão do que o metro. Assim, quando a medida em metros é convertida para centímetros, verifica-se que a medição feita em centímetros mostra que a costa é mais longa. Mesma costa, números diferentes, mas ambos corretos, dentro do seu próprio contexto. Na compreensão de uma teoria do funcionamento do mundo, é importante preservar com muita clareza o contexto em que a teoria opera.

Alquimistas históricos procuraram resolver a questão de como o nosso universo opera a partir de diversas visões de mundo, desde o misticismo islâmico até a supremacia da razão no Iluminismo Europeu. Na sua contemplação do mundo da forma, alquimistas/filósofos voltaram-se para a ideia dos elementos — unidades básicas responsáveis pela composição e construção do restante do mundo. Compreender o que são esses elementos, como se comportam e como podem ser manipulados, deslocados, revolvidos e alterados tem sido a força propulsora de boa parte da alquimia através dos tempos. Essas questões ainda constituem a base de muito do que vemos na física contemporânea. Tudo é uma questão de estrutura e resolução e das perguntas que fazemos. Como observou Werner Heisenberg, um dos criadores da teoria quântica: "O que observamos não é a natureza em si mesma, mas a natureza sujeita ao nosso método de interrogá-la".[12]

Os Elementos

Aristóteles (384-322 a.C.), em sua *Metafísica,* Livro V, definiu um elemento como "aquilo de que uma coisa é essencialmente composta, que é imanente à coisa e que é indivisível segundo a forma". Ele sustentava inicialmente que havia quatro elementos: Fogo, Ar, Água e Terra. Platão (427-347 a.C.), com referência ao quinto sólido geométrico, o dodecaedro, ao dizer "... deus o utilizou para ordenar as constelações em toda a extensão dos céus"[13], sugeriu um quinto elemento. Aristóteles também levou em consideração um quinto elemento — *aither,* (*aether* em latim). Em português é "éter", ou "quintessência", e representa o espaço. Nas discussões, de modo geral, os cinco elementos são mencionados como os Quatro Elementos.

Não foram apenas os gregos que adotaram a ideia de quatro ou cinco elementos. Por volta de 1500 a.C. encontramos a ideia dos quatro elementos também na Índia, no Tibete e na China, embora com algumas variações. Na Índia e no Tibete, os cinco elementos são fogo, ar, terra, água e espaço. Na China, são madeira, fogo, terra, metal e água. Em algumas filosofias do Oriente, o espaço é concebido como uma coisa "material", uma partícula como as outras quatro, conforme indicado no tantra *Kalachakra.* No pensamento ocidental, Aristóteles concebe o espaço mais como um *lugar* onde alguma coisa pode acontecer.

A teoria dos Quatro Elementos de Aristóteles predominou durante a maior parte da história da alquimia. Suas obras *Sobre o Céu, Metafísica, Física, Sobre a Geração e a Corrupção,* e os comentários de escolásticos do século XIII sobre essas obras, como os de Santo Tomás de Aquino, por exemplo, foram particularmente importantes para moldar o modo de pensar dos filósofos.[14]

Aristóteles e os escolásticos foram por fim preteridos em favor de uma filosofia que, na busca de respostas, baseava-se mais na experiência direta do que nas posições de autoridades do passado e de seus comentadores.

Vemos uma expressão desse movimento no século XVI com a tendência para abandonar a teoria dos Quatro Elementos e aderir a outra desenvolvida pelo alquimista suíço Philippus Aureolus Theophrastus Bombastus von Hohenheim, mais conhecido como Paracelso, que deu maior ênfase ao que ele denominou *Três Princípios* do que aos elementos aristotélicos.

Entretanto, comecemos com os Grandes Elementos, pois essa foi a estrutura subjacente dominante e o ambiente cultural em que alquimistas, médicos e filósofos trabalharam desde 500 a.C. até 1700 d.C. O que se segue são definições e associações dos Quatro Elementos extraídas de fontes clássicas.

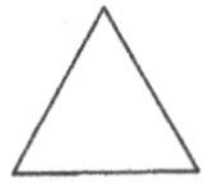

Fogo (Proposto pela primeira vez por Heráclito). Empédocles — Hades (Tifão). Vermelho. Sentimento.

Aquino define Fogo como um corpo simples, isto é, indivisível. É quente e seco.

Avicena (Ibn Sina). O Fogo está acima de todos os outros elementos localizados, como ele, na região do mundo sublunar — tudo o que está abaixo da Lua, em outras palavras, o nosso mundo.

Ele amadurece, rarefaz e refina todas as coisas, e se mistura com todas. Seu poder de penetração permite-lhe atravessar o Ar; com seu poder, ele submete os dois elementos frios pesados; com seu poder, ele mantém as propriedades elementares em harmonia.[15]

Ele é aquilo que se expande, se eleva e se move na direção dos extremos.

Toda substância de natureza altamente reativa ou catalítica é predominantemente Fogo.

O sólido platônico é o tetraedro.

Ar (Proposto pela primeira vez por Anaxímenes). Empédocles — Zeus (Osíris). Amarelo. Pensamento.

Aquino define Ar como um corpo simples. É úmido e quente.

Avicena (Ibn Sina). O Ar está acima da Água e abaixo do Fogo. Ele se rarefaz, torna as coisas mais finas, mais leves, mais delicadas, mais macias e, consequentemente, mais capazes de se deslocar para uma esfera superior.[16]

É aquilo que se estende e contrai, expande e eleva, e se move na direção dos extremos.

Toda substância que é gás sob condições normais é predominantemente Ar.
O sólido platônico é o octaedro.

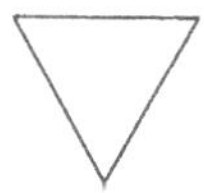

Água (Proposto pela primeira vez por Tales). Empédocles - Perséfone (Néftis). Azul. Intuição.
Aquino define Água como um corpo simples. É fria e úmida.
Avicena (Ibn Sina). A Água envolve a Terra e é envolvida pelo Ar. Ela possibilita que as coisas sejam moldadas, espalhadas e ajustadas em sua construção; ela se desfaz facilmente de uma forma velha e aceita prontamente uma nova.[17]
É aquilo que se contrai e cai.
Ela se forma mais em direção ao centro.
Tudo o que é líquido é predominantemente Água.
O sólido platônico é o icosaedro.

Terra (Proposto pela primeira vez por Xenófanes). Empédocles — Hera (Ísis). Verde. Solidez, persistência.
Aquino define Terra como um corpo simples. É seca e fria.
Avicena (Ibn Sina). A Terra é o centro da existência. É estacionária, mas volta à posição se é movida. É através da Terra que partes do nosso corpo se fixam e se mantêm coesas numa forma compacta. É assim que a forma externa se mantém.[18]
É aquilo que se contrai e cai.
Ela tende a se formar mais perto do centro.

Tudo o que é sólido sob condições normais é predominantemente Terra.
O sólido platônico é o cubo.

Quintessência, também chamado **Éter**, é o quinto elemento. Ela não tem qualidades e é o campo, isto é, a fonte, de toda matéria e do espaço em que ela existe.
O sólido platônico é o dodecaedro, a esfera dos doze pentágonos.

As Duas Qualidades

Aristóteles descreveu a formação dos Quatro Elementos como a interação entre duas qualidades — ativa e passiva. Ele descreveu a ativa como "quente-frio", que faz com que os corpos se aglutinem. A passiva é "seco-úmido", que faz com que os corpos se dissolvam. A interação desses dois binários dá origem aos Quatro Elementos. Nesse sistema, o Fogo é quente e seco; o Ar é quente e úmido; a Água é fria e úmida e a Terra é fria e seca.

A ordem dos elementos, do centro para fora, é
Terra, Água, Ar, Fogo e Espaço.

Das qualidades elementares, duas participam da composição de cada elemento, mas uma delas é primária e outra é secundária.

Fogo: Quente — primária. É a mais elevada das qualidades ou princípios ativos.
Seco — secundária. Toda umidade é consumida pelo calor.

Ar: Úmido — primária. É a mais elevada das qualidades passivas.
Quente — secundária. Deve-se à sua proximidade com o Fogo.

Água: Fria — primária. É a segunda das qualidades ativas.
Úmida — secundária. Deve-se à sua proximidade com o Ar.

Terra: Seca — primária. É como se não tivesse sido transformada em umidade por estar muito distante do Fogo. É o elemento mais denso.
Fria — secundária. Deve-se à sua proximidade com a Água.

Rotação dos Elementos

Vemos claramente que os elementos se interligam por terem em comum uma das duas qualidades que formam cada elemento. A rotação dos elementos é a mudança de um em outro. A mudança de uma das qualidades produz a rotação. Expresso de forma mais poética por Heráclito (século VI a.C.), "o fogo vive a morte da terra, o ar vive a morte do fogo, a água vive a morte do ar e a terra a da água". Veja, por exemplo, a água real — fria e úmida. Acrescentando calor, mudamos o frio em quente, transformando assim realmente Água em Ar — quente e úmido, de água para vapor. Segundo Aristóteles, esse é o princípio que possibilita a mudança aos elementos da natureza, e é o calor que causa a rotação dos elementos na natureza.

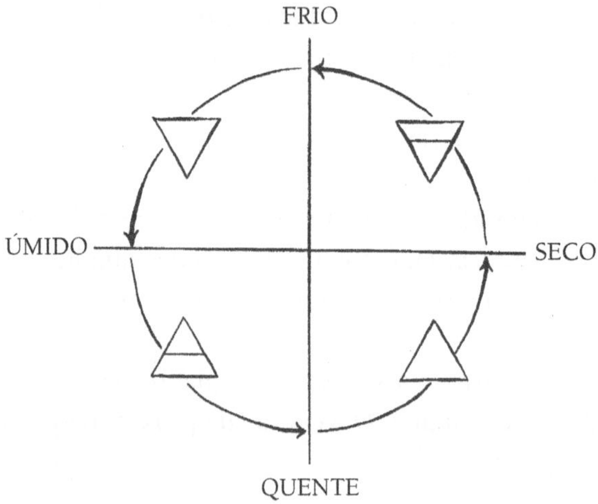

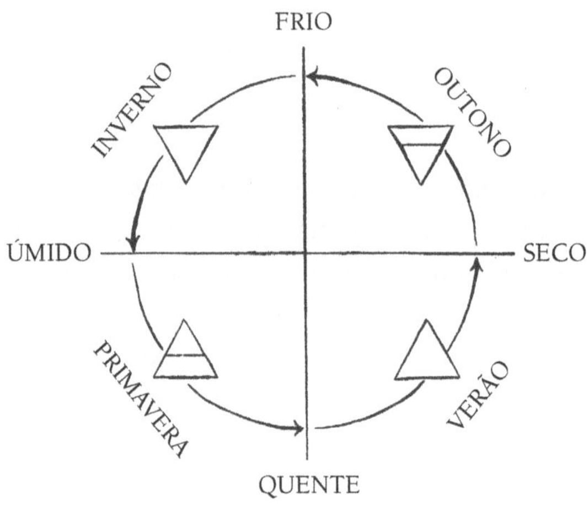

Aristóteles: "Está claro que a geração dos elementos será circular". Terra para Água, Água para Ar, Ar para Fogo, Fogo para Terra.

Nós usamos a rotação dos elementos na prática da alquimia. Vemos Terra para Água na liquefação de sólidos ou em sua dissolução na água; Água para Ar na fervura da água ou de outras soluções; Ar para Água na destilação; Ar para Fogo na combustão ou em calcinações, e assim por diante.

As Exalações

Observando exemplos concretos de metais e minerais, Aristóteles[19] utilizou a ideia das duas "exalações" — isto é, formações particulares dos Elementos em transição — para explicar sua criação. Existe um "fumo terroso" seco feito de pequenas partículas de Terra em sua passagem para se tornar Fogo e um segundo "vapor aquoso" úmido constituído de pequenas partículas de Água em sua passagem para se tornar Ar. Formam-se pedras, minerais e metais quando as exalações ficam presas na terra. Quando o "fumo terroso" seco predomina, formam-se pedras e minerais, e quando o "vapor aquoso" úmido predomina, formam-se os metais.

Os Dois Princípios

O alquimista sufi Jabir ibn Hayyan aprofundou essa teoria. Ele afirma que as duas exalações não se transformam diretamente em metais ou minerais, mas passam por um estágio intermediário. O "fumo terroso" transforma-se primeiro em Enxofre e o "vapor aquoso" transforma-se em Mercúrio. É a combinação de Enxofre e Mercúrio em várias proporções e graus de pureza, bem como a duração da gestação ou cocção na terra, que faz surgir as variedades de metais e minerais. Quando são puros e estão em equilíbrio, forma-se o ouro; quando são impuros e estão em desequilíbrio formam-se o chumbo, o ferro, o cobre, o estanho, a prata, e assim por diante. Vemos aqui uma base teórica para a transmutação que pode ser posta em prática. Como todos os metais são compostos dos mesmos materiais, toda questão está apenas em purificar e equilibrar o Enxofre e o Mercúrio que estão no metal para transformá-lo em seu estado mais elevado, isto é, ouro. Os termos "Mercúrio" e "Enxofre" usados aqui devem ser considerados abstratamente; eles não são os elementos mercúrio (Hg) ou enxofre (S) reais.

Mas continuemos com a teoria do Mercúrio-Enxofre como ela se estabeleceu na Europa. A explicação aqui é dada pelo estudioso dominicano Santo Alberto Magno em seu *Libellus de alchimia:*

Quando o enxofre vermelho puro entra em contato com o mercúrio na terra, o ouro é produzido num período de tempo mais curto ou mais longo, seja por meio da persistência (do seu contato mútuo) ou da decocção de sua mistura. Quando o enxofre puro e branco entra em contato com o mercúrio na terra pura, produz-se a prata, que difere do ouro porque o enxofre no ouro será vermelho, enquanto na prata será branco. Por outro lado, quando o enxofre vermelho, impuro e combustível entra em contato com o mercúrio na terra, forma-se o cobre... Quando o enxofre branco, impuro e combustível entra em contato com o mercúrio na terra, produz-se o estanho... Quando o enxofre branco, impuro e combustível entra em contato com mercúrio na terra fétida, surge o ferro. Quando o enxofre preto e impuro entra em contato com mercúrio, aparece o chumbo.[20]

A partir disso, vemos o papel que o enxofre e o mercúrio desempenham. O mercúrio permanece constante, independentemente do que se forma, ao passo que o enxofre colore e dá forma ou caráter à mistura. Vemos também por esse texto qual é o papel da terra. Mais do que ser apenas uma matriz neutra em que o enxofre e o mercúrio podem reagir, vemos que a qualidade da terra tem uma função na determinação do metal a ser formado. Como você pode ver, começamos com terra pura, vamos para a terra, e por fim chegamos à terra fétida, e a cada passo nos distanciamos mais do ouro. Essa questão da terra, ou corpo, ou sal, foi abordada aqui e ali por alquimistas individuais, mas só foi realmente "codificada" em teoria alquímica no início do século XVI pelo médico e cirurgião suíço Paracelso.

Os Três Princípios

Paracelso acrescentou o Sal aos dois princípios do Enxofre e do Mercúrio para chegar aos Três Princípios, representando o Corpo, a Alma e o Espírito. Essa teoria teve um impacto importante na alquimia, com grande parte das obras e escritos subsequentes dos alquimistas falando mais em Três Princípios do que em Quatro Elementos.

Mercúrio	Enxofre	Sal
1: Espírito	2: Alma	3: Corpo

Na teoria dos Três Princípios, de Paracelso, Mercúrio significa a qualidade da volatilidade, Enxofre significa a qualidade da untuosidade, e Sal, o novo acréscimo, significa estabilidade. Paracelso define as "Três Essências primárias": Enxofre, diz ele, é tudo o que ferve, um óleo; Mercúrio, é tudo o que se eleva como vapor, um licor; e Sal é o que permanece nas cinzas, um álcali. Os termos indicam materiais reais que compõem uma coisa. Tudo pode ser decomposto em Mercúrio, Enxofre e Sal, e isso se aplica não apenas ao reino dos metais e dos minerais, mas também a toda a flora e fauna. Como observou Paracelso: "Há tantos enxofres, sais e mercúrios como há objetos."[21] Veremos isso mais especificamente quando iniciarmos o trabalho propriamente dito.

Os Três Princípios também repercutem no simbolismo cristão, principalmente na doutrina da Santíssima Trindade. As duas tradições gnósticas da alquimia e do misticismo cristão foram utilizadas para interpretar uma à outra à luz dos avanços mais recentes da teoria alquímica. Por exemplo, a Pedra Filosofal e o caminho para ela são uma metáfora para Cristo e o caminho que leva até ele. Vemos isso nos escritos de Jacob Boehme e nos primeiros textos rosa-cruzes. Assim, a teoria dos Três Princípios, apoiada interna e externamente, ganhou prestígio entre os alquimistas de Paracelso em diante e inspira grande parte da prática alquímica.

Todas as teorias acima — a teoria dos elementos; das qualidades; dos dois princípios ou dos três princípios admitem que tudo tem origem em uma única coisa: a *Materia Prima* — a Primeira Matéria.

Materia Prima

A teoria da *materia prima* (primeira-matéria) e da *forma substantia* (forma substancial), desenvolvida por Aristóteles, afirma que é a partir da interação da primeira-matéria com a forma que surgem os elementos, ou princípios, e subsequentemente todo o mundo material.

Materia prima é a "matéria" que precede a existência substancial real; é "matéria" informe. É pura potencialidade de ser. É também chamada de "hyle". *Forma substantia* é forma substancial; é o que dá existência à matéria. A primeira-matéria é pura potencialidade e, por isso, é adimensional. Ela permanece assim até que a forma substancial, também adimensional, se une a ela (primeira-matéria; e dessa união dos adimensionais surgem as três dimensões e o início da matéria como a sentimos. Ela então se expande em três dimensões.

Aristóteles acreditava que a primeira-matéria e a forma, uma vez unidas, se tornavam inseparáveis. Mas, como todas as teorias, também essa mudou e evoluiu ao ser traduzida e comentada por outros autores — até chegarmos a Paracelso, que afirmou que "um objeto pode ser separado de sua matéria e continuar a existir como forma pura que é transferível à matéria". Tomar matéria e reduzi-la à sua primeira-matéria é um dos passos necessários para a transmutação. Alquimicamente falando, primeira-matéria é aquele estado ao qual tudo pode ser reduzido.

No conjunto de escritos alquímicos, também encontramos um emprego diferente do termo *materia prima* ou primeira-matéria. Às vezes, ele é usado para indicar o material concreto com o qual se começa a trabalhar. Preste atenção ao sentido que está sendo utilizado ao se deparar com ele num texto alquímico.

Resumindo: vemos forma e primeira-matéria unidas, dando origem aos Quatro Elementos, cada um dos quais se compõe de duas qualidades, uma do par ativo quente-frio e outra do par passivo seco-úmido. É na mudança de qualidades que os elementos podem se transformar uns em outros.

Começamos a ver como a teoria alquímica mostra um caminho em direção à matéria. A ideia de que há um nível básico de existência que, uma vez compreendido, pode ser manipulado e transformado, orientou o trabalho dos alquimistas. Eles pensavam que para manipular uma camada do mundo físico, podia-se descer um nível até a camada subjacente de organização e ali realizar a mudança. À medida que o trabalho era aperfeiçoado por meio da prática e da técnica, e que a quantidade de energia necessária para produzir uma separação e purificação dos elementos em questão também aumentava, os alquimistas começaram a ver coisas remanescentes depois da divisão da matéria nos Quatro Elementos.

O impulso para compreender melhor a matéria levou a outras divisões conceituais, e quando a natureza da matéria se tornou a questão central, a tentativa de distingui-la, refiná-la e categorizá-la continuou, resultando numa profusão de elementos. Esse processo continua até hoje. A contagem mais recente registra mais de 109 elementos, considerando as manifestações efêmeras criadas em laboratório. Abaixo ou dentro do nível elementar estão os mundos mais profundos das partículas atômicas e subatômicas. O que começou como dois elementos se tornou uma miscelânea de elementos. E aonde isso vai parar? Como dois espelhos refletindo-se um ao outro, isso não terá fim. Nossa percepção simplesmente imerge na escuridão. Quanto mais luz projetamos, mais fundo descemos e mais espelhos podemos ver. Estamos "cavando" no "espaço", por assim dizer. É uma questão de resolução.

Utilizando nossos vários níveis de resolução, nossas teorias, podemos descrever o mundo como sendo formado de Mercúrio, Enxofre e Sal ou de prótons, nêutrons e elétrons, ou por qualquer outro sistema ou esquema. Podemos descrever um átomo de ouro como sendo composto por 79 prótons, 118 nêutrons e 79 elétrons, e o chumbo por 82 prótons, 125 nêutrons e 82 elétrons. Perdendo três prótons, sete nêutrons e três elétrons, o chumbo pode ser teoricamente transmutado em ouro. Em 1919, Sir Ernest Rutherford mostrou, por meio de experimentos com nitrogênio, que a transmutação real é possível. Ele era cauteloso com a palavra "transmutação", temendo o escárnio dos seus colegas cientistas, mas ao transformar nitrogênio em oxigênio foi exatamente isso que ele realizou. Na década de 1970, em Darmstadt, Alemanha, a Sociedade para Pesquisas sobre Íons Pesados (GSI) utilizou um acelerador de íons pesados para "ejetar" do urânio, com sucesso, pares de prótons-elétrons. A matéria que começou com 92 prótons e 92 elétrons acabou ficando com 79 prótons e 79 elétrons. O urânio fora realmente transmutado em ouro.

Não estou sugerindo que era isso que os alquimistas estavam tentando fazer. Antoine-Joseph Pernety, em sua definição de alquimia, afirmou que a verdadeira alquimia "emprega a ação da Natureza e imita suas operações", ao passo que a falsa alquimia "trabalha baseando-se em princípios errôneos e emprega o tirano e destruidor da Natureza como agente".[22] Estou apenas sugerindo que o modelo deles não estava tão distante do arcabouço dos físicos contemporâneos. A questão depende das energias envolvidas e dos detalhes do modelo teórico adotado.

O ouro, para os alquimistas, era a perfeição. O ouro é um metal incorruptível. Nada o corrói; nada lhe causa dano, exceto a *Aqua Regia*, a água-régia, uma mistura de ácido clorídrico e ácido nítrico. Graças à sua perfeição, raridade e beleza, o ouro é muito valorizado. Os metais se distribuíam ao longo de um espectro que variava do impuro e corruptível ao puro e incorruptível — isto é, do chumbo ao ouro. Alguns alquimistas descreveram o ouro como uma mescla perfeita e equilibrada dos Três Princípios: Mercúrio puro, Enxofre puro e Sal puro. O chumbo era visto como uma superabundância de Mercúrio bruto e impuro, um pouco de Enxofre e um Sal pesado, mas poroso. Assim, o chumbo é um ouro cru, que não amadureceu. Terminando o que a natureza havia começado, e para isso separando, purificando e equilibrando os Três Princípios, e recombinando-os, o chumbo poderia ser completado e aperfeiçoado, e transmutado em ouro. Na verdade, qualquer aspecto da criação pode ser conduzido da imperfeição à perfeição; como afirmou Paracelso, a alquimia pode "terminar um trabalho que ainda não foi concluído".

CAPÍTULO DOIS

Cosmologia

É importante compreender essas teorias e formar realmente uma imagem visual do universo que elas representam. É um universo em que todas as coisas estão ligadas. O que as teorias nos possibilitam fazer é articular e utilizar alguns elos. O primeiro grande elo encontra uma melhor expressão na frase da *Tabula smaragdina,* A Tábua de Esmeralda (ver capítulo seis), "o que está em cima é como o que está embaixo". Este é o elo entre o macrocosmo, isto é, o céu, as estrelas, o Sol, a Lua, os planetas, e o microcosmo, isto é, a vida na Terra. Esse elo mostra que mudanças ocorridas no macrocosmo provocam ou refletem mudanças no microcosmo.

O modelo arquitetônico do cosmos usado na alquimia é o sistema ptolemaico, uma forma modificada da cosmologia aristotélica, que situa a Terra no centro do universo. Os Quatro Elementos — Terra, Água, Ar e Fogo — tendem a cair em ordem do centro para fora, e em geral harmonizam-se com a nossa experiência do mundo físico. Além desses quatro está o Éter, que se divide em conchas concêntricas. Cada concha gira e transporta um planeta. No passado, os planetas não eram vistos como bolas de matéria girando em órbitas como os concebemos atualmente. Alguns os viam como um ponto luminoso na concha transparente ou como um buraco na concha através do qual a energia ou "fogo" que vinha do alto irrompia. Não havia espaço entre as conchas planetárias transparentes, e assim pensava-se que durante o seu movimento elas criavam uma espécie de música repleta de harmonia e consonância, descrita por Pitágoras (580-500 a.C.) e seus seguidores como a "música das esferas".

Esferas Planetárias

Subindo acima da Terra, da Água, do Ar e do Fogo, chegamos à Esfera da Lua — a primeira concha, a primeira divisão do Éter, da perfeição imutável, incorruptível, oposta ao mundo abaixo da Lua, o reino sublunar, o mundo da mudança. A Esfera da Lua é a fronteira entre este mundo da mudança e o reino da perfeição imutável, e assim começa a ascensão.

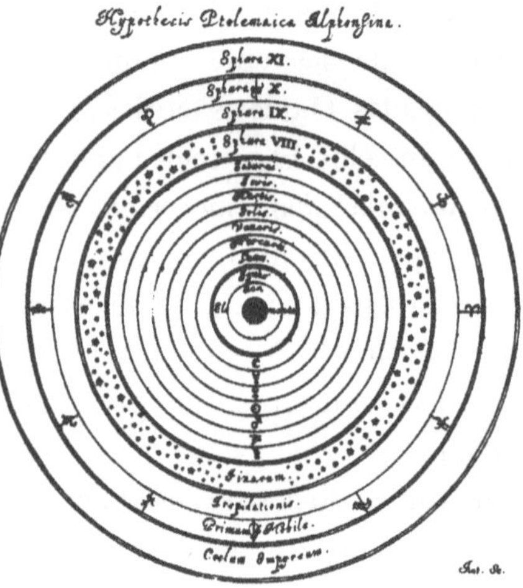

Universo ptolemaico.
Reprodução de *Selenographia*, de Johannes Hevelius.

☽ A **Lua** é fria e úmida; o seu poder é principalmente umidificador e ela amolece e causa putrefação. A pequena quantidade de calor que ela emite provém do Sol. Feminina. A Lua é associada às emoções, aos instintos e à maternidade. Subconsciente. Memória. O Reino dos Sonhos. Passiva. Mutável. Recebe energia. No corpo, ela rege o estômago, os seios, o útero, os fluidos corporais e o lado esquerdo. Prata. Noite. Segunda-feira. Zodíaco: Quarta Casa. Câncer. Divindades: Diana, Ártemis, Selene e Khons.

☿ **Mercúrio** é frio e seco quando masculino, frio e úmido quando feminino, andrógino. Ele seca e absorve a umidade e às vezes umedece, passando rapidamente de um estado para outro. Assume a qualidade do signo onde se encontra. Mente. Comunicação. Princípio do Intelecto. Corpo: braços, mãos, ombros, pulmões, plexo solar, abdômen, intestinos, sistemas nervoso e respiratório. Vivacidade (mercúrio). Quarta-feira. Zodíaco: Terceira e Sexta Casas, Gêmeos e Virgem. Divindades: Mercúrio, Hermes e Toth.

♀ **Vênus** é quente e úmida; ela aquece com moderação, mas principalmente umedece como a Lua. Feminina. Afeição, amor, beleza. Princípio da Atração. Corpo: pescoço, rins, ovários, veias e sua circulação. Cobre. Quinta-feira. Zodíaco: Segunda e Sétima Casas. Touro e Libra. Divindades: Vênus, Afrodite e Ísis.

☉ O **Sol** é quente e seco; sua natureza essencial é aquecer e, em grau menor, secar. Masculino. Vitalidade, ego, individualidade. Princípio da Paternidade. Autoridade. Corpo: coração, costas, coluna e medula espinhal, lado direito. Ouro. Domingo. Zodíaco: Quinta Casa, Leão. Divindades: Sol, Apolo, Hélio e Rá.

♂ **Marte** é quente e seco; sua natureza é secar e queimar. Masculino. Energia e impulso. Princípio do Desejo Ativo. Iniciador, agressivo. Corpo: cabeça, músculos, órgãos sexuais, ânus, virilidade, impetuosidade. Ferro. Terça-feira. Zodíaco: Primeira e Oitava Casas, Áries e Escorpião. Divindades: Marte, Áries e Hórus.

♃ **Júpiter** é morno e úmido, aquece e umidifica. É uma força ativa moderada e "produz ventos fertilizantes". Masculino. Ético, Valores morais, Filosofia. Mente abstrata. Princípio da Expansão. Corpo: sangue, artérias e circulação, quadris, coxas, pés, fígado. Profuso, abundante. Estanho. Quinta-feira. Zodíaco: Nona e Décima Segunda Casas, Sagitário e Peixes. Divindades: Júpiter, Zeus e Amun.

♄ **Saturno** é frio e seco; sua natureza é refrescar e secar moderadamente. Masculino. Princípio de Contração e Restrição. Disciplina, responsabilidade. Corpo: ossos, articulações, joelhos, baço, pele e dentes. Disciplina e restrição. Chumbo. Sábado. Zodíaco: Décima e Décima Primeira Casas, Capricórnio e Aquário. Divindades: Saturno, Cronos e Néftis.

Chegamos agora à Esfera das Estrelas Fixas em contraposição às quais se move o planeta. A faixa estreita do céu onde o Sol parece deslocar-se chama-se eclíptica. As constelações ao longo da eclíptica são chamadas de signos do Zodíaco, que começam com Áries e terminam com Peixes. O equinócio da primavera, o início do ano astrológico, é chamado de primeiro ponto de Áries e é definido como 0º Áries. Isso se mantém não obstante o fato de a constelação astronômica real estar agora no primeiro ponto de Áries.[23]

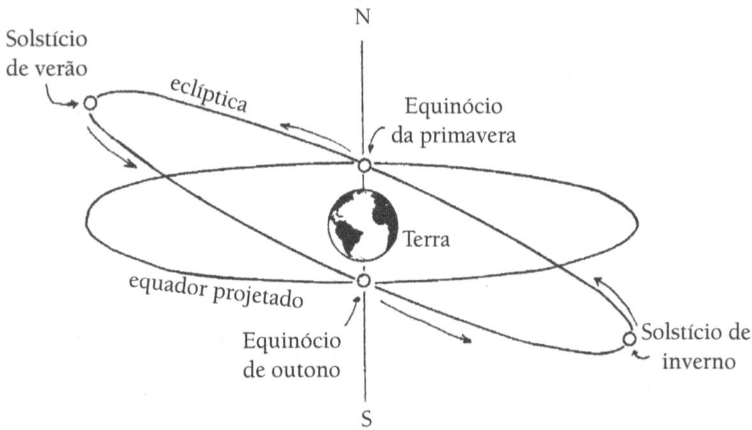

O equinócio da primavera é o centro da prática. É uma relação sazonal que determina as posições dos signos zodiacais no céu, não a posição das estrelas fixas que compõem aquelas constelações astronomicamente. A partir daqui é possível observar uma estrutura que pode descrever o tempo, o espaço e a Terra em termos tanto dos Quatro Elementos como do Zodíaco e das estações. Compreendendo os conceitos e definições dos Quatro Elementos, suas duas qualidades e, mais importante, a *materia prima* e a *forma substantia,* podemos ver como esse sistema informa todas as áreas de estudo: astronomia, astrologia e medicina. Esse encadeamento elementar do mundo exterior com o mundo interior resulta numa mandala muito forte e poderosa.

Filósofos, místicos e teólogos posteriores dividiram ainda mais o Éter além da Esfera das Estrelas Fixas. Eles criaram ou expressaram um reino de Inteligências e Anjos antes de chegar à fonte de emanação da criação — Deus. Eles fizeram isso para reconciliar a visão ptolemaico-aristotélica, que corresponde muito bem ao mundo observável e ao céu, e também à Bíblia, especialmente o Gênesis.

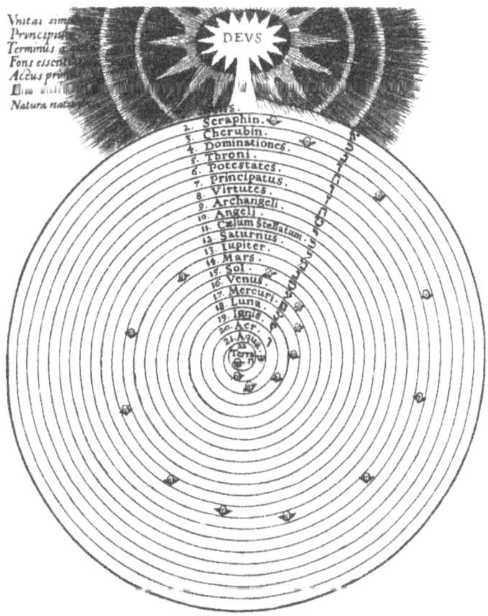

Robert Fludd. *Tomus Secundus de Supernaturali*... 1619.

Comece a formar e visualizar uma imagem do cosmos com os elos elementares e as interconexões planetárias. Imagine essa esfera de fora olhando para dentro. Através das estrelas fixas, através das esferas transparentes de Saturno, Júpiter, Marte, Sol, Vênus, Mercúrio, Lua, e no centro da esfera está o nosso mundo, o mundo dos Quatro Elementos, o mundo de mudança e agitação incessantes. Imagine essa esfera luminosa suspensa no que São Dionísio, o Areopagita, descreveu como "a escuridão brilhante de um silêncio oculto".[24]

Esse é essencialmente um mapa de como a energia da criação se move a partir do impulso que a leva para seu fim último no mundo da matéria. O que Deus faz na criação, o alquimista tenta reproduzir no laboratório. A energia do cosmos flui do Criador, através das esferas dos planetas, para o mundo sublunar, com cada esfera transmitindo e também acrescentando sua própria marca à medida que o impulso se movimenta de além das estrelas fixas em direção à manifestação. Todas as partes têm um papel a desempenhar na criação, e cada ser criado leva o sinete das forças que estavam em ação quando ocorreu seu nascimento particular. O mundo material é o limite externo da emanação da criação; ele é o fim da criação, do sutil ao grosseiro.

Saber como o cosmos está estruturado permite-nos trabalhar "de acordo com a oportunidade celestial", isto é, quando as forças planetárias estão no seu estado ótimo. Entretanto, o trabalho pode ser feito a qualquer momento, do mesmo modo que você pode ir à praia sempre que desejar. Um boletim meteorológico, porém, conhecendo a disposição do jogo dos elementos, ajudará a decidir o melhor momento de ir à praia, seja para nadar, surfar ou fotografar a tempestade de inverno que se aproxima.

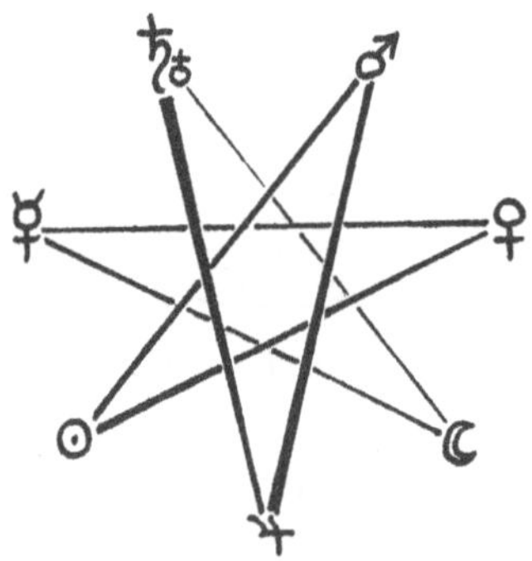

O fluxo de energia de Saturno à Terra.

CAPÍTULO TRÊS

Tempo

Quem trabalha de acordo com a oportunidade celestial, deve observar ambas as coisas ou uma delas, ou seja, o movimento dos astros ou os seus tempos...[25]

— Henry Cornelius Agrippa of Nettesheim

No processo criativo, saber quando fazer alguma coisa é tão importante quanto saber como fazê-la. As coisas surgem, se desenvolvem e definham — interagindo do princípio ao fim. Precisamos aprender a acompanhar o fluxo. O que segue são alguns quadros e diagramas que mostram como tudo está conectado, como a energia flui e reflui neste cosmos pulsante, em expansão, eternamente em mutação.

Ano Solar

O ano é um ciclo solar e pode ser dividido por dois, três, quatro e doze.

Divisão por Dois

O ano pode ser dividido pela metade aplicando dois métodos diferentes. Um método segue o ciclo natural da fase de saída e da fase de entrada que vemos no ciclo de vida das plantas. A fase de saída, de Áries a Virgem, do início da primavera ao fim do verão [no hemisfério norte], é o período em que as plantas brotam, florescem, frutificam e produzem semente. Mitologicamente, esse é o período em que Plutão autorizou sua esposa Perséfone a visitar a superfície terrestre como parte do acordo matrimonial. A fase de entrada, de Libra a Peixes, do início do outono ao fim do inverno, período em que Perséfone voltou ao mundo inferior para ficar com Plutão, é o tempo em que as plantas entram em dormência ou morrem totalmente.

O outro modo de dividir o ano em dois é por meio do Sol e da Lua. A primeira metade, a metade solar, começa com um signo Fogo, Leão, e termina com um signo Terra, Capricórnio. Seguindo o que foi estabelecido anteriormente com relação à rotação dos elementos e às duas qualidades de quente-frio e seco-úmido, vemos que começando com Fogo e terminando com Terra temos essencialmente um caminho seco, no sentido de que o Fogo seca e separa os outros elementos. A segunda metade, a metade lunar, começa com um signo Ar, Aquário, e termina com um signo Água, Câncer, e nos mostra um caminho essencialmente úmido. Podemos usar esses ciclos para harmonizar o momento mais oportuno com as tarefas a realizar. Processos que têm como resultado um material sólido, condensado, devem ser desenvolvidos na metade seca do ciclo. Do mesmo modo, os que têm um resultado líquido devem ser feitos na metade úmida.

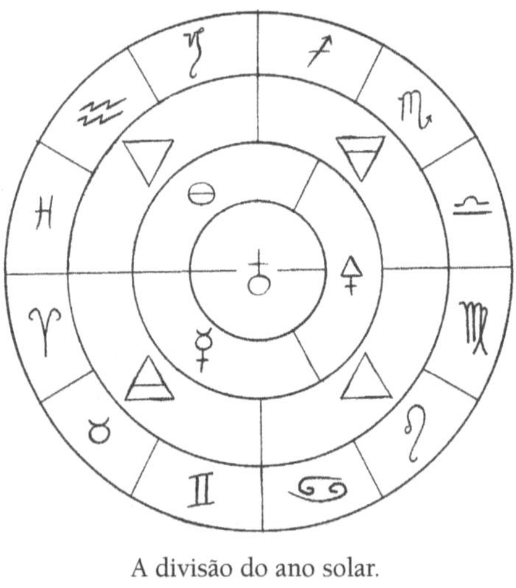

A divisão do ano solar.

Divisão por Três

O primeiro período, de Áries a Câncer (da primavera ao primeiro mês do verão, no hemisfério norte), um período de alongamento dos dias, é de renascimento, crescimento, florescimento e maturação. O segundo período, de Leão a Escorpião (os últimos meses do verão até o primeiro mês do outono), um período de encurtamento dos dias e da duração de sua luz, é de fruição e colheita. O terceiro período, de Sagitário a Peixes (últimos meses do outono até o final do inverno), um tempo de dias mais curtos e noites mais longas, é de morte aparente, pois as forças da Terra que nutriram o ano se recolhem. A Terra, enquanto permanece em dormência, acumula seu poder regenerador nas raízes e sementes.

Podemos relacionar essas três fases — surgimento, desenvolvimento, fenecimento — aos Três Princípios do Mercúrio, do Enxofre e do Sal, respectivamente.

Divisão por Quatro

A divisão do ano pelos Quatro Elementos nos dá as quatro estações, cada uma delas expressão de um dos Elementos. O ano começa com a primavera. Com excesso de umidade, a primavera é a expressão do elemento do Ar — úmido e quente. De Áries a Gêmeos sentimos a explosão inicial da energia solar que percorrerá o Zodíaco. É o tempo das primeiras manifestações da vida em seu florescimento. Segue-se o verão, com o seu excesso de calor. O verão é Fogo — quente e seco. O que floresceu na primavera amadurece de Câncer a Virgem. Como o calor do verão leva à secura, chegamos ao outono, excessivamente seco. Essa é a estação do elemento Terra — seco e frio. À medida que o sol se movimenta de Libra a Sagitário, as plantas em sua plena maturação produzem sementes. De Capricórnio a Peixes, o ano chega ao fim com Água — fria e úmida. O inverno excede em frio, a energia que começou o ano se recolhe, as sementes entram em dormência e as raízes acumulam energia para o ano seguinte.

Divisão por Doze

A divisão por doze começa no primeiro ponto de Áries e nos dá os doze signos tradicionais do zodíaco.

♈ **Áries**-Marte, inícios. Cardeal, Fogo, Positivo, Ação, a maioria das associações em comum com Marte.

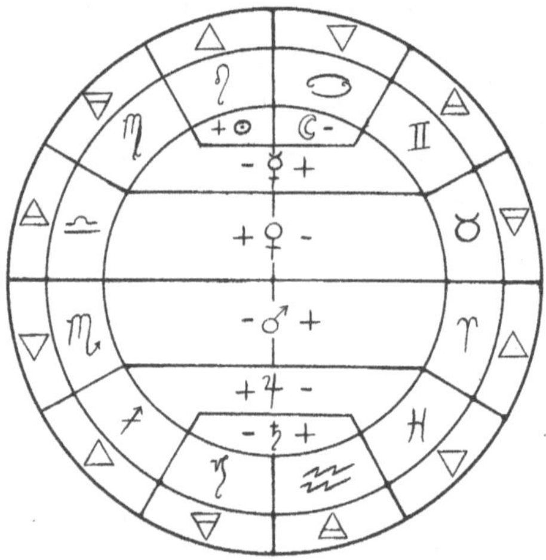

O zodíaco com suas atribuições planetárias e elementares.

♉ **Touro**-Vênus, esforço determinado. Fixo, Terra, Negativo, resistência, a maioria das associações em comum com Vênus.

♊ **Gêmeos**-Mercúrio, ação diversificada, predisposição intelectual. Ar, Positivo, a maioria das associações em comum com Mercúrio.

♋ **Câncer**-Lua, predisposição emocional, instável. Água, Negativo, a maioria das associações em comum com a Lua.

♌ **Leão**-Sol, ação inspirada pela autoridade, esforço nobre. Fogo, Positivo, a maioria das associações em comum com o Sol.

♍ **Virgem**-Mercúrio, ação metódica, perspicaz. Terra, Negativo, a maioria das associações em comum com Mercúrio.

♎ **Libra**-Vênus, ação cooperativa, harmonia. Ar, Positivo, a maioria das associações em comum com Vênus.

♏ **Escorpião**-Marte, ação intensa, predisposição passional. Água, Negativo, a maioria das associações em comum com Marte.
♐ **Sagitário**-Júpiter, ação zelosa, predisposição idealista. Fogo, Positivo, a maioria das associações em comum com Júpiter.
♑ **Capricórnio**-Saturno, ação organizada, predisposição à conquista de prestígio. Terra, Negativo, a maioria das associações em comum com Saturno.
♒ **Aquário**-Saturno, ação progressiva, predisposição altruísta. Ar, Positivo, a maioria das associações em comum com Saturno.
♓ **Peixes**-Júpiter, ação submissa, predisposição letárgica. Água, Negativo, a maioria das associações em comum com Júpiter.

Um planeta rege cada um desses signos e, dependendo da posição no zodíaco de um planeta em particular, a função do planeta tanto pode aumentar como diminuir. Se o planeta está num signo que lhe é favorável, como o Sol é para Leão, sua função e poder se intensificam. Do contrário, se o planeta se encontra num signo que lhe é desfavorável, tal como a Lua em Leão, sua função e poder diminuem. Todas as relações entre planetas e signos encontram-se em qualquer livro de astrologia.

Mês Lunar

A Lua é um fator importante no trabalho alquímico, especialmente na atividade com plantas, pois a Lua rege o Reino Vegetal. A ação deve idealmente seguir e acompanhar as fases da Lua. O ciclo lunar pode ser dividido por dois, por quatro, por sete, por doze e por vinte e oito, e ainda num ciclo diurno relacionado com as marés.

A primeira divisão envolve um ciclo de lunação completo e o separa em dois — um período crescente e um período minguante. O período crescente é exatamente isso, o aumento da luz da lua, desde a Lua nova até a Lua cheia, e é em geral um período de crescimento, de aumento e de qualquer outro sentido positivo, construtivo, que queiramos acrescentar a esse conceito. A fase minguante caracteriza a diminuição da luz da lua, abrangendo desde a Lua cheia até a Lua nova.

Esse período é de declínio, de separação e de qualquer outro sentido negativo, destrutivo, que queiramos atribuir a essa ideia. Podemos visualizar esse ciclo como o ciclo de vida de uma planta.

Na verdade, para trabalhar com a Lua, é preciso primeiro conceber uma ação ou processo em correspondência com o ciclo de vida de uma planta — de suas qualidades à medida que a planta passa de semente a broto, a flor, a fruto e novamente a semente — e então relacionar cada etapa às fases da Lua. Quando compreendemos que parte ou aspecto do processo representa que parte ou aspecto do ciclo da vida, podemos harmonizar o nosso trabalho com a Lua no seu movimento da semente da Lua nova para a floração da Lua cheia e novamente para a semente.

Lua Nova ao Quarto Crescente produz umidade. Representa a semente que brota, o início de uma ação e seu crescimento inicial.

Quarto Crescente à Lua Cheia gera calor. Representa a germinação até o florescimento.

Lua Cheia ao Quarto Minguante gera secura. Representa o florescimento até o fruto. O término e realização da Lua nova: a qualidade da Lua nova se concretiza na Lua cheia. É o início da cristalização e da posterior desintegração.

Quarto Minguante à Lua Nova produz frio. Representa o fruto até as sementes. A ação agora está completa. A dormência ou decomposição começa junto com a disseminação das sementes.

Os processos alquímicos, simbolizados pelos Signos do Zodíaco, são fortalecidos pela presença da Lua cheia no signo respectivo. A sublimação, por exemplo, é impulsionada pela presença da Lua cheia em Libra.

Em geral, o término do trabalho deve coincidir com o retorno da Lua ao Sol. O ponto mais importante é quando a Lua está a um minuto do Sol. Podemos comparar esse momento com a alegria que sente quem retorna de uma viagem ao se aproximar da porta da sua casa.

A Lua cheia fortalece a técnica alquímica.

Dias e Horas Planetários

Tempo planetário é o tempo — isto é, o dia e as horas — distribuídos aos domínios dos planetas. O Mês Lunar é dividido pelos Quatro Elementos, resultando num ciclo de sete dias. Cada dia do ciclo é regido por um dos sete planetas. O Sol rege o domingo; a Lua, a segunda-feira; Marte, a terça-feira; Mercúrio, a quarta-feira; Júpiter, a quinta-feira; Vênus, a sexta-feira; e Saturno, o sábado.

O dia é dividido em horas, e cada hora tem um regente planetário. O dia é primeiramente dividido em dois, dia e noite, cada um com doze horas, segundo o costume romano. Há vários arranjos para fazer isso, cada um baseado numa interpretação diferente do início do dia e da duração das horas. O sistema mais usado nos séculos XV e XVI foi registrado por Cornelius Agrippa (1486-1535), e afirma que o planeta que rege o dia rege também a primeira hora do dia. A hora seguinte é regida pelo planeta subsequente, de acordo com esta ordem: Sol, Vênus, Mercúrio, Lua, Saturno, Júpiter e Marte.

A primeira hora do dia é a hora do nascer do Sol; a hora do pôr do Sol é a primeira hora da noite. Noite e dia são divididos em partes iguais de doze, resultando em "horas" variáveis. Desse modo, uma "hora" do dia durante o verão seria mais longa do que sessenta minutos e uma "hora" do dia durante o inverno poderia ter apenas 45 minutos.

Abaixo (Figura 1) temos a representação do sistema diagramado como uma espiral, com a hora 6h0min considerada como o momento do nascer do Sol no equinócio, por conveniência.

Tudo isso seria usado para determinar o melhor momento para fazer alguma coisa. Por exemplo, se alguém fosse trabalhar com ferro, para melhor harmonizar a ação com o cosmos, ele poderia programar as partes mais importantes da tarefa para que coincidissem com o momento em que Marte está em bom aspecto ou rege a hora do trabalho a ser executado.

Entretanto, mais importante é trabalhar com um sentido de harmonia, sem seguir servilmente as regras. Compreender o trabalho que está sendo feito. Entrar nele e criar uma obra unificada dos elementos internos e externos. A poesia envolve a observância das regras, mas

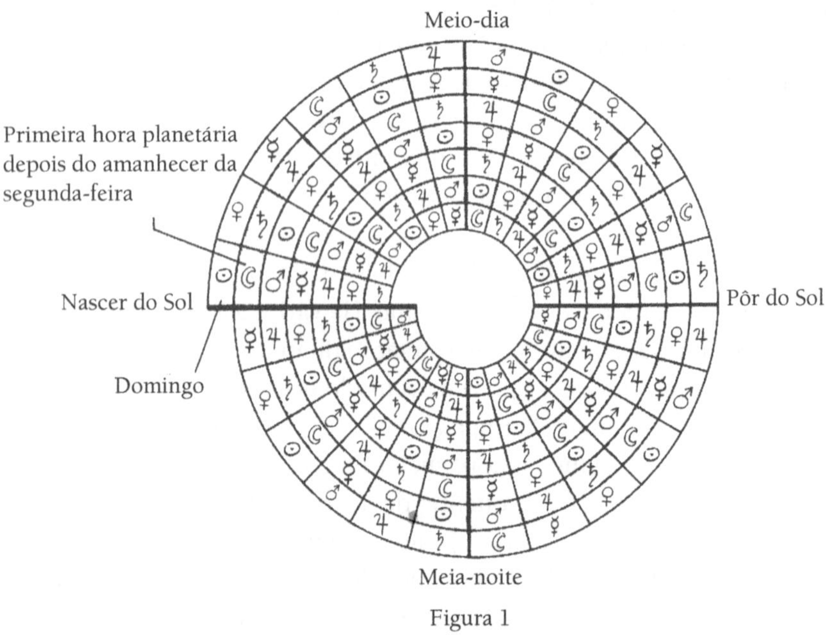

Figura 1

os melhores poetas brincam com as regras para criar justaposições surpreendentes e beleza, não apenas na forma e no conteúdo, mas também nos significados fundamentais. A alquimia traz esse sentido de uma arte viva a todas as suas operações.

CAPÍTULO QUATRO

Microcosmo: O Corpo e sua Composição

Temos agora um esboço preliminar do cosmos e alguns elos mais importantes. Vamos examinar o humano — o microcosmo, o reflexo de tudo o que está acima.

O corpo é uma mescla dinâmica de elementos assim como ele tem seu próprio sistema celeste, o qual pode ser expresso em correspondência com o Sol, Lua, planetas e estrelas. Os Quatro Elementos expressam-se no corpo como humores: Fogo — Sangue, Ar — Bile amarela, Água — Fleuma e Terra — Bile preta. Cada humor tem uma função em si mesmo e por si mesmo, além de manter os demais humores em equilíbrio.

Os quatro humores, por sua vez, dão origem aos quatro temperamentos: Sangue — Sanguíneo; Bile amarela — colérico; Fleuma — fleumático e Bile preta — melancólico. Como os Elementos, todos estão presentes, mas normalmente um ou dois temperamentos predominam e se expressam mais intensa e visivelmente, revelando-se na aparência, no caráter e no modo de ser do indivíduo. O tipo sanguíneo é tipicamente feliz, otimista, ardente, orgulhoso e fogoso. O colérico é mais prático e racional, impaciente, raivoso e irascível. O fleumático reflete as qualidades da água, sensível, pacífico, suave, pensativo e triste. O melancólico é geralmente inteligente, ilustrado, inquieto e depressivo.

É o equilíbrio dos elementos/humores em cada indivíduo que determina a saúde desse indivíduo. Grande parte da antiga medicina europeia está baseada nos quatro humores, com o processo de cura orientado para a recuperação do equilíbrio perdido dos humores por meio de diversas técnicas terapêuticas, como o uso de medicamentos, purgações e sangrias.

Como o corpo é um microcosmo, encontramos os planetas e as estrelas representados nele. Um regente planetário é atribuído aos vários órgãos, havendo ainda uma correspondência zodiacal com o corpo.

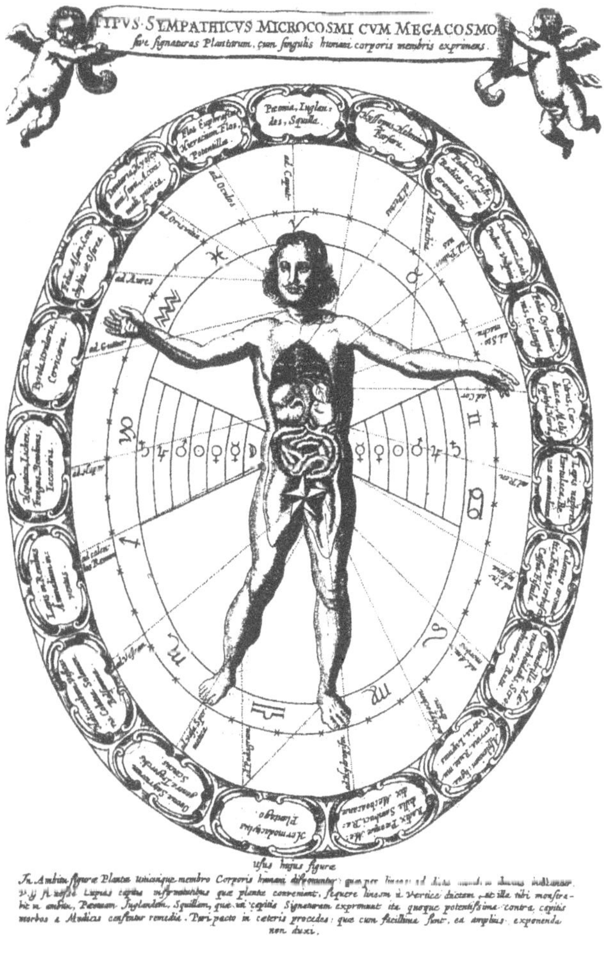

A interseção do Céu e da Terra está refletida
na anatomia celeste do corpo humano.
De *Oedipus Aegyptiacus*, 1653, de Athanasius Kircher.

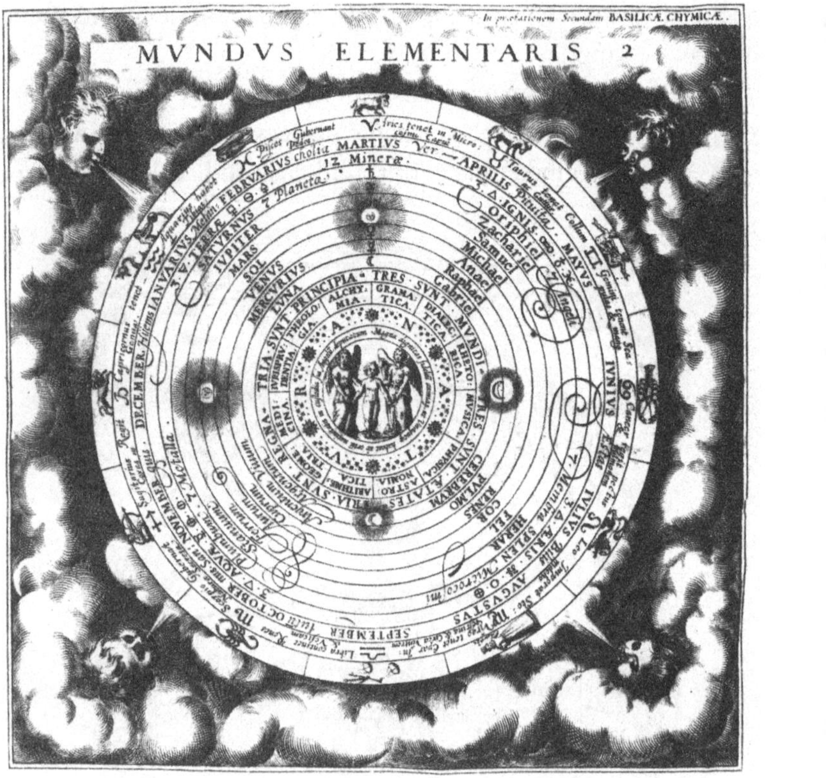

Do *Museum Hermeticum Reformatum et Amplificatum*, 1678.

A finalidade de tudo isso é mostrar como essa visão de mundo em que as coisas se entrelaçam é a estrutura da prática. Todas essas peças procedem do arranjo e da expressão dos elementos no tempo e no espaço. Dedique algum tempo para compor um diagrama de você mesmo, que poderá ser aumentado e modificado à medida que for desenvolvido. Use esse diagrama como base de visualização. Aprenda-o tão bem que possa realmente visualizá-lo. Visualize-o tão bem que possa realmente vê-lo. Veja-o tão bem que possa realmente movimentar-se dentro dele à vontade.

Os gregos desenvolveram um sistema de memória para a oratória. Ele consiste em visualizar uma construção e relacionar os diferentes cômodos e conteúdos com diferentes partes do discurso. Quanto mais incomum o objeto no cômodo, mais forte o elo com a memória. Assim, no momento de proferir o discurso, o orador se imaginava percorrendo a construção e recolhendo os segmentos da sua fala. Desse modo era possível proferir longos discursos.

Giordano Bruno, Raimundo Lull e outros foram além com uma intenção mais hermética. Eles desenvolveram sistemas que são verdadeiras mandalas, no sentido de que integram todos os aspectos da existência em um modelo abrangente para ser utilizado como instrumento de gnose.

Esses sistemas são muito semelhantes a várias mandalas budistas, se não nos detalhes específicos da sua arquitetura, certamente no sentido global das associações encadeadas tanto dos fenômenos microcósmicos como macrocósmicos e, talvez, de uma intenção em comum. Esses modelos, essas mandalas, são memorizados e visualizados em três dimensões. É muito desejável desenvolver a habilidade de visualizar o microcosmo e o macrocosmo do modo mais claro possível. A habilidade de fazer isso é um dos fundamentos do trabalho.

CAPÍTULO CINCO

Prática Interior

☿

Quando fizerdes de dois um, e quando fizerdes o interior como o exterior, e o exterior como o interior, e o de cima como o de baixo, e quando fizerdes o masculino e o feminino um só... então entrareis no Reino.[26]

— EVANGELHO DE TOMÉ

A alquimia é uma técnica ou caminho de gnose. Gnose, que deriva do grego *gnosis* e significa "conhecimento", é uma crença exatamente nisso — conhecimento direto de Deus. Em geral, os credos gnósticos afirmam que a alma está presa na matéria, imperfeita e impura, mas que por meio de certas práticas o homem pode libertar-se da prisão habitual da matéria e alcançar uma *unio mystica*, uma "união mística" com Deus. Nos primeiros séculos da nossa era, muitas religiões e filosofias eram gnósticas em seu âmbito. Elas se diversificavam muito, porém, em seus dogmas, cosmologia, origens, ideias sobre o mundo material e o corpo, ritual, e o caminho e etapas para a união com Deus. Houve gnósticos judeus, gnósticos cristãos, maniqueístas, hermetistas, a religião gnóstica em si, e mais tarde gnósticos muçulmanos, todos contribuindo com sua parcela para a formação da alquimia. A concepção alquímica sustenta que a essência está presa na matéria, nossa luz interior aprisionada pela matéria ou obscurecida por nossa névoa material. A alquimia mostra um caminho de ascensão, o retorno a Deus.

É através da própria matéria que podemos encontrar nosso caminho. Ela é uma via de acesso ao divino através da matéria.

Podemos relacionar a alquimia com cada uma das tradições e com suas práticas místicas. Para realizar adequadamente o trabalho interior com alquimia, é recomendável estar ligado a uma tradição específica. Também é bom examinar as demais tradições, pois assim você estará bem informado e ampliará os seus horizontes. Mas mantenha-se fiel às práticas de uma única tradição e trabalhe com ela.

Podemos usar a alquimia como uma *escada de ascensão* encontrando o simbolismo nos materiais e processos e trabalhando tanto *fora* como *dentro* empregando os materiais e os processos como apoio para o trabalho interior. Isso pode parecer sem significado até você sentir os movimentos e mudanças no material no processo criativo.

A alquimia afirma que a matéria, o corpo, não é má em si mesma, e pode na verdade ser utilizada como ajuda para a *unio mystica*, o *Opus Magnum* ou Grande Obra. O mundo material está destinado a um mundo mais interior, mais espiritual. Por isso, em vista desse fim, o mundo material ou o corpo humano não é negado, torturado ou submetido a abusos. Ele é mantido forte e saudável.

Esse é também um papel da alquimia — a produção de remédios para manter o corpo saudável e preservar a vida. A questão não é acumular mais ouro, mais coisas, mas dispor de mais tempo e energia para realizar o trabalho interior e beneficiar os outros.

Uma coisa é necessária para o trabalho interior, ou para qualquer trabalho: uma mente firme. É da máxima importância que a mente seja forte, flexível e focada; que seja capaz de ficar onde você a coloca, sem deixar-se levar pelo incessante vozerio e alvoroço dos seus pensamentos. Sem uma mente firme, nenhum progresso real será conseguido. Desenvolver essa mente, então, torna-se o primeiro e mais importante passo na prática da alquimia. Considere uma técnica muito simples e básica de observação da respiração como foco de contemplação. Essa técnica não é de fato contemplação ou meditação, mas antes a mecânica da técnica. É um bom exercício em si mesmo ou como aquecimento para a meditação propriamente dita.

Para começar, respiramos normalmente, apenas deixando que a atenção acompanhe a inspiração e a expiração, sem forçar nada, deixando acontecer. Em seguida, passamos a contar os ciclos respiratórios, começando com a expiração. Assim: inale, exale — um; inale, exale — dois; e assim por diante até dez. Quando perceber que não está mais contando as respirações, recomece. Faça isso durante três a cinco minutos no início. Você descobrirá no início que é muito difícil completar até mesmo um ciclo de dez sem que a sua mente seja desviada por algum palavrório mental totalmente fútil. Mas com persistência e uma prática coerente você conseguirá concentrar-se de modo mais aguçado e nítido. À medida que for se acostumando com a prática, procure aumentar o tempo. Alcançando certo ponto, você será capaz de acompanhar a respiração por vários ciclos e, depois de muita prática, durante o tempo que quiser. Com uma prática persistente, tudo se torna mais fácil. E com essa facilidade, você pode começar a ver que ferramenta poderosa é a mente. Aqui começa a diversão.

Eu gostaria de observar agora que essa prática lhe dará o impulso inicial e poderá levá-lo bem longe, mas, à medida que progride, você talvez queira ir ainda mais longe e transpor alguns obstáculos inevitáveis. Com esse objetivo, procure um instrutor de meditação com boas qualificações.

Na meditação propriamente dita, a única coisa que muda é o objeto de meditação. Esse objeto pode ser uma visualização ou a análise da composição de um objeto, uma recitação ou a revisão de um processo. A técnica de manter a mente no objeto permanece a mesma.

Nessas considerações sobre a teoria, foram dadas sugestões para visualizar algumas relações cosmológicas e também o modelo cosmológico geral ou mandala. Idealmente, visualizar alguma coisa é ver essa coisa com o olho da mente com a mesma clareza como você vê o mundo. É no sentido desse ideal que se deve trabalhar. Essa é uma habilidade possível de aprender e que se desenvolve, como qualquer outra, com prática constante. Todos nós sabemos como visualizar. Fazemos isso todos os dias. Eis um exercício muito simples: Imagine, com seu olho mental, que você se levanta de onde está e se dirige até a rua mais próxima. Descreva o que você vê durante a caminhada. Algumas coisas podem vir da memória que cataloga os lugares por onde você passaria, outras serão uma sensação visual, uma sensação mais de ver do que de catalogar. Coloque a atenção na sensação visual. Comece a caminhar e continue descrevendo o que você vê ou lembra. Faça isso frequentemente; faça caminhadas em sua imaginação, seguindo por trajetos reais que você percorre. Com o tempo, você descobrirá que pode ver realmente toda a caminhada com o olho da mente. Você pode fazer isso com qualquer coisa, por exemplo, com a superfície da sua mesa de trabalho ou do toucador. Procure representar essa superfície mentalmente, e diga o nome do objeto que você vê na mesa ou no toucador. Esse mesmo processo é feito com símbolos, imagens e diagramas cosmológicos.

Se você utiliza imagens complexas, é melhor começar com contornos mais amplos e então colocá-los em foco e preenchê-los com detalhes, geralmente trabalhando do centro para fora ou com o que tem mais significado simbólico. Mantenha uma prática constante, e com o tempo você será capaz de visualizar tão nitidamente quanto vê o mundo. Essa é outra ferramenta poderosa.

Com essas ferramentas poderosas e o conhecimento dos materiais e processos que seguem, é grande a possibilidade de que aconteçam tanto coisas boas como ruins. Os alquimistas advertem sobre determinados conhecimentos nas mãos de pessoas más, gananciosas, e o dano que isso pode trazer — e assim insistem no sigilo e na discrição. Isso é importante para proteger o trabalho e também como meio de manter o ruído reduzido, uma vez que quase todo trabalho alquímico deve ser feito sem perturbações. Assim, o silêncio se transforma em mais uma chave. De fato, o praticante deve empenhar-se em remover ou pelo menos em reduzir todas as fontes de conflito e ruptura em seu ambiente de trabalho de modo particular e em sua vida em geral, reduzindo assim, ainda mais, o nível de ruído. Crie apenas o bem, e somente o bem advirá.

Também faz parte da tradição recomendar que, obtendo sucesso com o *Opus Magnum*, a Grande Obra, o praticante volte a sua atenção aos pobres e aos doentes. O lendário alquimista francês Nicolas Flamel e sua *soror mystica*, ("irmã mística") Perenelle, tiveram sucesso na Grande Obra não apenas uma, mas três vezes, e no dia 25 de abril de 1382, às cinco horas da tarde, transmutaram 250 gramas de mercúrio em ouro puro da melhor qualidade. Flamel comenta em seu *Le Livre des Figures Hieroglyphiques* [*O Livro das Figuras Hieroglíficas*) que até o ano de 1413 eles haviam "fundado e destinado recursos para 14 hospitais na cidade de Paris, e tínhamos agora construído desde o chão três capelas... Não falarei do bem que nós dois fizemos a pessoas pobres em particular, principalmente viúvas e órfãos".[27]

O início de toda ação alquímica, como também todos os resultados, devem ser dedicados ao alívio do sofrimento.

Alquimia é a união do Sol e da Lua.
De *Theatrum Chemicum Britannicum*. 1652.

CAPÍTULO SEIS

Tabula Smaragdina

A *Tabula smaragdina* ("A Tábua de Esmeralda") é o próprio coração da alquimia. Ela é considerada como um dos textos alquímicos mais antigos. Diz a lenda que ela foi encontrada perto de Hebron, numa caverna que seria a tumba de Hermes, chamado Thot pelos egípcios. Hermes/Thot é o deus da escrita, da ciência e da matemática. Dependendo da versão, a tumba foi descoberta por Zara (Sara), esposa de Abraão, por Alexandre, o Grande, ou por Apolônio de Tiana. A Tábua de Esmeralda é exatamente isso, uma tábua de esmeralda sobre a qual, esculpido em fenício, está um ensinamento sobre alquimia transmitido por Hermes. Acredita-se que depois de descoberta ela tenha passado dos gregos ao Islã através da Síria. Uma versão árabe aparece na obra de Jabir ibn Hayyan, *Segundo Livro dos Elementos da Fundação*, e outra versão árabe encontra-se em *O Segredo da Criação*, de Apolônio (813-887 d.C.), que situa o texto documentado mais antigo por volta de 800 d.C., embora se acredite que o texto se baseie num documento grego ainda mais antigo. Do Islã a *Tabula smaragdina* entrou na Europa no século XII, traduzida do árabe para o latim por Hugo de Satalla, em Tarazona. Alberto Magno a menciona no seu *De rebus metallicis et mineralibus.* Houve várias traduções e versões da Tábua de Esmeralda, mas foi a impressa em 1541 que se tornou a mais conhecida. É essa que reproduzo aqui. Incluo também o emblema acima, que é tradicionalmente associado à Tábua de Esmeralda desde 1588, e que foi juntado ao texto para elucidar ou representar o ensinamento gravado na *Tabula smaragdina.*

A *Tabula smaragdina* é uma das raízes da alquimia. Leia-a, estude-a, conheça suas várias fontes, leia-a novamente e medite sobre ela. Memorize-a, e você a terá sempre como referência à medida que seu trabalho avança. No mínimo, fixe uma cópia da *Tabula smaragdina* na frente e acima de sua cadeira no seu local de trabalho; leia-a e contemple-a antes de iniciar suas atividades. Medite sobre ela, linha por linha, palavra por palavra, e ela aos poucos se abrirá para você ao mesmo tempo que você aumentará a sua compreensão do verdadeiro trabalho.

Tabula Smaragdina

Verum, sine mendacio, certum et verissimum:

Quod est inferius est sicut quod est superius. Et quod est superius est sicut quod est inferius, ad perpetranda miracula rei unius. Et sicut res omnes fuerunt ab uno, meditatione unius. Sic omnes res natae fuerunt ab hac una re adaptatione.

Pater eius est Sol, mater eius Luna. Portavit illud ventus in ventre suo. Nutrix eius terra est. Pater omnis telesmi totius mundi est hic. Vis eius integra est, si versa fuerit in terram. Separabis terram ab igne, subtile ab spisso, suaviter, cum magno ingenio.

Ascendit ab terra in coelum, iterumque descendit in terram, et recipit vim superiorum et inferiorum. Sic habebis gloriam totius mundi. Ideo fugiet ab te omnis obscuritas. Hic est totius fortitudinis fortitudo fortis, quia vincet omnem rem subtilem, omnemque solidam penetrabit.

Sic mundus creatus est. Hinc erunt adaptationes mirabiles, quarum modus hic est. Itaque vocatus sum Hermes Trismegistus, habens tres partes philosophiae totius mundi.

Completum est quod dixi de operatione Solis.

A Tábua de Esmeralda

É verdade, sem mentira, certo e muito verdadeiro:

O que está embaixo é como o que está no alto, e o que está no alto é como o que está embaixo, para realizar os milagres de uma só coisa. E como todas as coisas são e vieram do Um, pela meditação do Um, assim todas as coisas vieram dessa coisa única por adaptação.

O Sol é seu pai, a Lua é sua mãe. O vento a levou no seu ventre. A terra é sua nutriz. O Pai de todo milagre, o Telema universal, está aqui. Seu poder é inteiro se ela é convertida em terra.[28] Separarás a terra do fogo, o sutil do espesso, suavemente, e com grande perícia.[29]

Ela sobe da terra ao céu e desce novamente à terra, e recolhe a força das coisas superiores e inferiores. Assim obterás a glória de todo o mundo. E toda obscuridade se afastará de ti. Essa é a força acima de todas as forças, pois vencerá toda coisa sutil e penetrará em toda coisa sólida.

Assim foi criado o mundo. Essa é a fonte das admiráveis adaptações aqui descritas. Por isso sou chamado de Hermes Trismegisto, possuindo três partes da filosofia universal.

O que eu disse da obra Solar está completo.

SEGUNDA PARTE

PRÁTICA

CAPÍTULO SETE

Os Fundamentos da Alquimia

A Natureza deve servir de base e modelo para a ciência, e a Arte deve trabalhar o máximo possível de acordo com a Natureza; por isso, o Artista precisa observar a Natureza e operar como ela opera.[30]

— Santo Alberto Magno

Aqui entramos no corpo da alquimia — o processo físico. A natureza deve orientar tanto o material como o método. A natureza é o seu verdadeiro livro. Estude-a bem.

Reserve algum tempo para observar o que está à sua volta. Familiarize-se com a matéria do mundo, com o espaço do mundo e com o movimento do mundo como se estivesse fazendo isso pela primeira vez. Descubra os materiais com que você quer trabalhar. Consiga amostras de minerais e de metais e comece a estudá-los diretamente. Comece com a matéria-prima que esteja o mais perto possível da fonte. Toda matéria-prima deve ser considerada como viva e processada e trabalhada com intenção clara. Pense na diferença entre um alimento preparado com ingredientes frescos da estação e outro preparado com componentes congelados ou deteriorados.

Alguém pode certamente utilizar equivalentes químicos das matérias-primas: ácido acético diluído no lugar de vinagre de vinho tinto destilado, por exemplo, mas aceite o fato de que isso não é alquimia. O substituto pode, porém, ser usado para praticar e estudar as *técni-*

Atalanta fugiens. Emblema 42.
Michael Maier. 1604.

cas da alquimia sem desperdiçar parte do precioso material. É mais ou menos como fazer um breve estudo das cores que serão utilizadas num quadro maior e economizar as cores do lápis-lazúli e do ouro para a pintura efetiva. O melhor conselho que posso dar a você é que adquira o hábito de preparar todos os materiais da fonte que estiver o mais perto possível de você.[31] A simples preparação das matérias-primas lhe ensinará muito a respeito da técnica.

Jabir ibn Hayyan identificou quatro técnicas básicas necessárias para a prática da alquimia: *purificação, solução, coagulação e combinação*. A purificação envolve a separação do impuro do puro e isso é feito pelo fogo — calcinação ou sublimação — ou pela água — destilação ou filtração. A solução é realizada por meio da maceração e da dissolução. A coagulação pode ser feita por cristalização, congelamento ou evaporação. A combinação é obtida por meio de circulação, coobação, digestão, cristalização ou fixação. Mais especificamente:

Calcinação é a queima total de alguma coisa. É a combustão de todas as impurezas combustíveis. Isso pode significar derreter um metal na presença do ar, agitando-o, oxidando o metal e formando uma cal.

Circulação é o aquecimento suave de uma solução e o resfriamento dos seus vapores. O líquido que resulta da condensação desses vapores reflui para a solução original. A solução passa de líquido a vapor, e novamente a líquido, num processo contínuo.

Coobação é verter um destilado de volta sobre o que resta do material de onde foi destilado.

Congelamento é tornar sólido um líquido, como a água que se transforma em gelo sólido. Pode também significar a solidificação de uma massa em decorrência da perda de água ou de outro solvente. Pode significar cristalização.

Cristalização é a abertura de um corpo ou o congelamento de um líquido em torno de matéria sólida. Ela forma uma bela matriz em que o sal fica suspenso. Quando dissolvidos em água, os sais em geral e essa água evaporada formam cristais. Também usada para purificar o sal.

Digestão é o "cozimento" lento, suave. Ela ajuda a quebrar algumas coisas para que se misturem melhor, mais intimamente, com outras coisas. Em geral, a mistura é colocada num frasco e lacrada. Esse frasco é então guardado num local quente e escuro e mantido numa temperatura em torno de 40°C.

Dissolução é a transformação de uma substância, o soluto, num líquido, o solvente.

Destilação é a extração de um licor de um corpo ou solução pelo aquecimento, que o transforma em vapor, o qual em seguida é condensado pelo resfriamento. O líquido resultante é o destilado.

Evaporação é a remoção das partes mais voláteis de uma mistura por exposição à atmosfera e, às vezes, pelo aquecimento brando da mistura para acelerar o processo.

Fermentação é a fragmentação de uma planta e a liberação do seu Mercúrio, que é álcool, com o auxílio de um fermento ou levedura. Um processo semelhante ocorre no reino mineral.

Filtração é um modo mecânico de separar de um líquido matéria particulada. Em geral é feita com papéis-filtro, filtros de fritas de vidro,* telas e funis.

Fixação é a transformação do volátil em não volátil. O modo de proceder varia de material para material.

Maceração é na verdade um tipo de dissolução. Consiste geralmente em amassar ervas numa solução de água ou de álcool. Uma maceração adequada em água demora de dois a três dias. Num tempo muito curto, nem todas as propriedades passam para a solução. Num tempo muito longo, pode haver decomposição e fermentação. Para a maceração feita em solução alcoólica, não há limite de tempo.

Multiplicação é um processo na Grande Obra por meio do qual a potência da Pedra Filosofal aumenta.

Projeção é um processo na Grande Obra por cujo intermédio a Pedra Filosofal é testada mudando chumbo ou mercúrio em ouro ou prata.

Putrefação é a decomposição de impurezas do corpo, das partes efêmeras. É uma forma de purificação, tudo em preparação para a abertura do corpo.

---

* Nesses filtros, o vidro utilizado é feito de partículas de vidro (grânulos, vidro moído) aglutinadas por sinterização de modo a se compactarem em corpo sólido, mas poroso. (N. do R.)

Sublimação é a purificação de determinados sais ou minerais que revelam a capacidade, quando suficientemente aquecidos, de mudar de sólido para gás e de voltar a sólido sem passar pelo estado líquido. O sal amoníaco é um bom e útil exemplo de um sal que é purificado desse modo.

Essas são as técnicas aplicadas na manipulação da matéria, na rotação dos elementos. E, como você deve lembrar, é o calor que aciona a rotação dos elementos, tanto na Natureza como na Arte, tornando o manejo do fogo extremamente importante. A prática alquímica reconhece Quatro Graus de Fogo:

O **Primeiro Grau** é um aquecimento suave e delicado obtido por meio de um *Balneum vaporis*, um banho de vapor em que o frasco é aquecido pelo vapor de água fervente sobre a qual está suspenso.

O aquecimento também pode ser conseguido com um *Balneum marie*, banho-maria[32], (Ver Figura 2, abaixo) que é um banho de água. O frasco é aquecido por imersão em água morna ou fervente até a altura do material contido no frasco.

Figura 2: *Balneum marie*, banho-maria.

O **Segundo Grau** é uma temperatura mais elevada produzida tradicionalmente por um banho de cinzas sobre as quais um pote de cinzas é aquecido de modo muito parecido com um pote sobre água. O frasco a ser aquecido é imerso até a altura do material nele contido.

O **Terceiro Grau** é ainda mais quente e é obtido com um banho de areia ou de limalha de ferro, muito semelhante ao banho de cinza, diferindo apenas no material empregado.

O **Quarto Grau** de Fogo é o mais quente e pode ser obtido com uma chama exposta. Um tipo de chama aberta é aquele em que a chama "reverbera", refletindo-se diretamente na matéria que está sendo aquecida. O fogo era tradicionalmente feito com um carvão vegetal que ficava num forno especial chamado *athanor.* (Ver Figura 3, abaixo.)

O athanor (ou atanor) é a peça central do laboratório alquímico, comparável ao coração e à lareira de uma casa. Ele representa o fogo central. O athanor, do árabe *al-tannur* (fogão), era um forno simples de tijolo ou argila em forma de torre. Atualmente, o calor é fornecido por chapas

Figura 3: Athanor. Reproduzido de *Mutus Liber.* Altus. 1677.

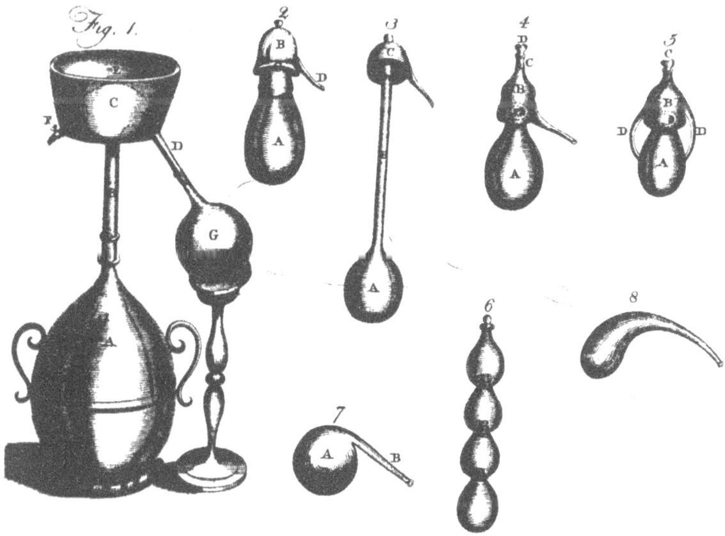

Figura 4: 1. Alambique de cobre. 2. Alambique de vidro. 3. Alambique de pescoço longo. 4. Alambique de uma peça. 5. Pelicano. 6. Encadeamento de aludéis. 7 & 8. Retortas. Da *Encyclopaedia Britannica*, Vol.2, 1771.

elétricas e bicos de gás. O verdadeiro trabalho alquímico pode ser feito sem um athanor tradicional, mas o praticante deve tê-lo no coração e na mente à medida que o aquecimento e a digestão se processam.

Outros instrumentos alquímicos tradicionais incluem vários utensílios de vidro e de cerâmica destinados a separar, purificar e recombinar os Três Princípios. (Ver Figura 4, acima.) Para calcinar materiais, eram usadas panelas de ferro e cadinhos. A destilação era feita com um alambique. O alambique alquímico era constituído de duas partes: o *condensador,* onde o vapor passa ao estado líquido, e a *cucúrbita,* a parte inferior do alambique que contém o líquido a ser destilado. *Retortas* também eram usadas para destilação. O *aludel,* um frasco de forma oval aberto nas duas extremidades era usado na destilação para produzir uma separação mais precisa. Ele era colocado entre a cucúrbita e o condensador para expandir os vapores e separar melhor o mais volátil do menos volátil. O *pelicano* é um recipiente circulatório com dois tubos laterais que levam os vapores condensados de volta para o corpo.

Na alquimia contemporânea, usa-se vidraria comum de laboratório para chegar aos mesmos resultados alcançados com esses instrumentos antigos. Essas peças estão discriminadas no Apêndice 1 juntamente com uma lista parcial de equipamentos de laboratório muito úteis.

Antes de iniciar o trabalho, há uma espécie de lista de verificação a ser repassada. O primeiro item é a sua motivação, ou intenção, depois a sua compreensão das teorias e objetivos da alquimia. E finalmente há as exigências físicas da prática, conforme descritas por Santo Alberto Magno em seu *Libellus de Alchimia:*

1. Silêncio. "Quem trabalha nessa Arte deve ser silencioso e reservado." Isso é necessário para proteger a Arte de erros que podem se insinuar na prática, daí resultando que "o segredo se perderá e o trabalho será imperfeito".
2. Local. O operador "deve ter um local e uma casa especial, escondidos dos homens", onde possa realizar seu trabalho.
3. Tempo. "Observe o tempo em que o trabalho deve ser feito." Ele comenta que "sublimações são de pouco valor no inverno".
4. Perseverança. "O trabalhador nessa Arte deve ser cuidadoso e assíduo em seus esforços... se ele começa e não persevera, perderá material e tempo."
5. Uso correto. "O trabalho deve ser feito segundo o costume da Arte."
6. Vidro. "Todos os recipientes em que os remédios podem ser colocados... devem ser de vidro ou vitrificados."
7. Advertência. "Evite acima de tudo associar-se a príncipes e potentados." Alberto adverte contra associar-se com "príncipes" porque, se não tiver sucesso, você sofrerá, e se tiver sucesso, você será contido, "apanhado por suas próprias palavras e preso por seus próprios discursos".

8. Capital. "Ninguém deve começar qualquer operação sem dispor do capital necessário" para completar o trabalho, pois com o trabalho incompleto, tempo, material e tudo o mais serão desperdiçados.

Preste muita atenção a todos esses aspectos. Esse caminho é extremamente exigente e não é para os fracos de coração, nem para aqueles que buscam resultados espirituais imediatos ou efeitos de ilusionismo. É um caminho profundo, um caminho desafiador, talvez um tanto excêntrico e às vezes cheio de dúvida. No entanto...

CAPÍTULO OITO

O Trabalho Preparatório

Onde a Natureza termina, aí começa a Arte do Homem,
pois a matéria última da Natureza
é a matéria primeira do homem.[33]

— PARACELSO

Água

Toda água que se usa num trabalho alquímico deve ser destilada, a não ser que haja indicação em contrário. A água pode ser obtida de mananciais, chuva, neve ou orvalho. Dessas fontes, o orvalho, especialmente o coletado na primavera, e a água da chuva, especialmente a recolhida durante uma tempestade, são de valor especial por causa da quantidade de "fogo" que contêm. Para coletar água da chuva, exponha baldes não metálicos ao ar livre. Filtre essa água. Separe uma parte para uso futuro e destile o restante. Recomenda-se armazená-la em garrafas de vidro.

A Videira

A raiz da alquimia é a videira. Sem vinho, vinagre e Sal de Tártaro, todos obtidos dessa planta nobre, não haveria alquimia. Grande parte da alquimia deriva dessas três substâncias. Como as três podem ser obtidas com muita facilidade, não há necessidade de você produzir o seu próprio vinho e vinagre; mesmo o Sal de Tártaro pode ser obtido em lojas especializadas. Mas é importante aprender como fermentar e calcinar. E existe por acaso melhor maneira de se conseguir isso do que trabalhar com uma planta tão generosa — a videira — e com tudo o que ela pode oferecer?

Vinho

Eis aqui uma breve descrição de um processo de produção do vinho. Não é muito difícil e você pode utilizá-lo para produzir álcool a partir de qualquer planta. Com um pouco de cuidado, estudo e prática, é possível chegar a algo bom e saboroso.

Prepare o suco com uvas prensadas ou com plantas, macerando-as em água durante alguns dias. A temperatura deve ser de 27°C. Se quiser, acrescente açúcar para intensificar o sabor adocicado que existe naturalmente na planta ou no suco de uva. Acrescente em seguida o lêvedo, mantendo a temperatura entre 21°C e 24°C. Temos a primeira fermentação. A temperatura deve ser mantida abaixo de 29,5°C. A mistura é agitada duas vezes por dia para desmanchar a camada que se forma na superfície. Verifique a temperatura e aqueça ou resfrie essa mistura, conforme a necessidade. Quando a fermentação mais intensa terminar, separe o líquido e prense a polpa para extrair todo o sumo. Reserve cerca de 15% da solução para uso em fase posterior. Começa então a segunda fermentação. Instale uma válvula de fermentação.[34] Essa válvula deixa o gás sair, mas impede a entrada do ar. Depois de três semanas, separe o vinho do sedimento e acrescente os 15% da solução reservada. Para conseguir mais álcool, o processo pode ser repetido mais duas vezes com três meses de intervalo, e em seguida uma última vez com um período de fermentação de seis meses. O vinho tem, tipicamente, cerca de 12% de álcool.[35] O álcool poderá ser destilado logo que a primeira fermentação secundária estiver concluída. Esse vinho pode ser destilado para se obter o espírito, ou pode ser usado para fazer vinagre.

Vinagre

Fazer vinagre é muito fácil. Apenas preencha algumas condições muito simples e a Natureza fará o resto. Coloque vinho num recipiente e acrescente álcool até obter uma concentração alcoólica de 5% a 7%. Verta três partes de vinho num copo esterilizado ou recipiente de louça de barro vidrado, enchendo menos de dois terços de seu volume e acrescente uma parte de cultura de vinagre[36] com bactérias ativas. Armazene num local escuro e mantenha a temperatura entre 27°C e 29,5°C. Uma película se formará na superfície do líquido. Essa é a "mãe". Se a temperatura estiver entre 24°C e 27°C, o vinho precisará de aproximadamente seis a oito semanas para transformar-se em vinagre.[37] Um novo vinho deve ser acrescentado à cultura a cada quatro a oito semanas, dependendo da intensidade da transformação. Acrescente novo álcool embaixo da "mãe". É importante não perturbar essa camada. O acréscimo de mais álcool à cultura a mantém viva. Quando todo o álcool se transformar em vinagre (um teste rigoroso determinará isso), retire o vinagre, pasteurize-o e filtre-o. O vinagre é 5% ácido acético.

Guarde um pouco de vinagre não pasteurizado para ser usado na produção de outras culturas. O vinagre está pronto para uso ou para destilação.

Se você quiser remover a coloração do vinagre de vinho tinto, coloque, em cada litro de vinagre, 50 gramas de carvão de osso e misture-os num recipiente de vidro. Agite frequentemente e em alguns dias a coloração será absorvida pelo carvão, deixando o vinagre claro.

Sal de Tártaro

O Sal de Tártaro, também conhecido como potassa ou perlasso, é carbonato de potássio. É o sal mais comum em plantas de solo. O Sal de Tártaro abre muitas portas na alquimia e é preparado a partir de videira seca ou de carvalho seco, ou, o que é ainda melhor, pode-se obtê-lo em estado natural[38] extraído de barris de vinho de carvalho, onde se encontra aderido ao fundo e às paredes. Calcine-o, isto é, queime-o até reduzi-lo a cinzas. A cinza é misturada com água da chuva destilada, que dissolve o Sal de Tártaro. O aquecimento e a agitação da solução asseguram uma dissolução mais completa do sal. Isso também se chama de *lixiviação*. A solução então é filtrada. Essa operação pode ser repetida várias vezes para que todo o sal seja lixiviado. Junte todos os líquidos filtrados e evapore a água aquecendo-a, mas não deixe ferver. Quando a água tiver evaporado, recolha os sais úmidos e calcine novamente, e outra vez dissolva em água quente, filtre e evapore. Repita até que todos os sais estejam puros e então calcine uma última vez para extrair todo o excesso de água. Cuidado para não misturar os sais. Nesse ponto você deve ter um sal muito branco ou mesmo azulado. Esse é o Sal de Tártaro, e ele é muito hidroscópico. Armazene-o num recipiente hermeticamente fechado e à prova de umidade. O Sal de Tártaro ataca o vidro, por isso utilize recipientes de cerâmica vitrificada para guardá-lo. Esse processo pode ser utilizado com qualquer planta para dela se obter o seu sal.

CAPÍTULO NOVE

A Arte da Destilação

Vamos, por assim dizer, potencializar as substâncias que temos até aqui — água, vinho, vinagre e Sal de Tártaro — e com elas preparar água destilada, Espírito do Vinho e vinagre destilado e terminar o restante da preparação para o trabalho alquímico. A principal técnica usada para esse fim é a destilação.

Água Destilada

A destilação (ver técnica e equipamento no Apêndice 1) é uma forma de purificação que separa o sutil do espesso.

A água é colocada num frasco (A) (ver Figura 5), e aquecida até ferver (100°C). O vapor da água passa de (C) para (D), onde se acumula e condensa, voltando ao estado líquido por causa do resfriamento produzido pela água fria contida em (E). A água líquida, o destilado, escoa para um frasco separado (F); toda impureza ficará no frasco de fervura. Essa destilação ilustra muito bem a rotação dos elementos. Colocamos Água, fria e úmida, num recipiente e aumentamos o calor, transformando-a em quente e úmida, ou vapor, isto é, Ar. Em seguida transferimos

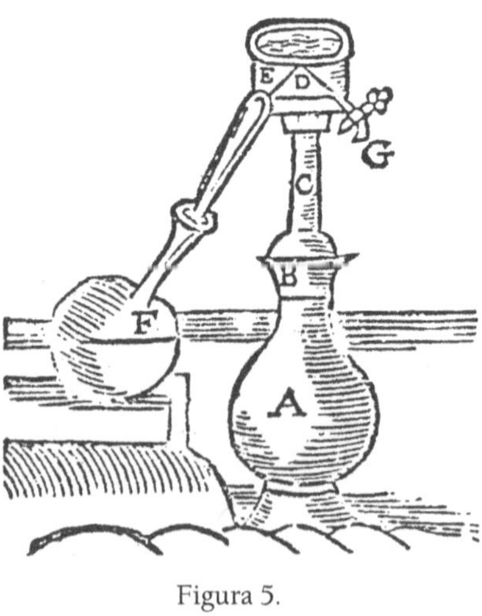

Figura 5.

o calor do Ar para a água fria em (E). Em consequência disso, esse Ar, que é quente e úmido, se condensa em Água, que é fria e úmida, deixando toda Terra para trás.

A destilação também é usada para separar líquidos misturados, o que é possível graças ao fato de os pontos de fervura dos líquidos serem diferentes. Por exemplo, pode-se destilar álcool do vinho porque a água ferve a 100°C, enquanto o álcool ferve a 78,5°C. Mantendo a temperatura em torno de 80°C-85°C, podemos separar o álcool da água. Certamente, parte da água é destilada junto com o álcool, de modo que o destilado, o líquido resultante, é na verdade constituído de 50% de álcool. Essa descoberta foi feita pelos alquimistas árabes e é citada por alquimistas como al-Kindi (século IX d.C.). Por volta de 1300 d.C., Arnaldo de Vilanova chamou essa solução alcoólica de *aqua ardens* e *aqua vitae*. Podemos destilá-la várias vezes, aumentando a cada vez a concentração de álcool.

Espírito do Vinho

Para fazer Espírito do Vinho, coloque vinho tinto num frasco de destilação, prepare o destilador, ligue a água fria, ligue o aquecimento (nunca use uma chama aberta) e destile o espírito, isto é, o álcool. Rejeite todo líquido destilado abaixo de 76°C. A fermentação de plantas produz dois tipos de álcool, *etanol* e *metanol*. O metanol é um composto muito venenoso, mas por causa de seu baixo ponto de ebulição (64°C) e por não se "misturar" com o etanol, ele pode ser eliminado rejeitando-se todo líquido destilado abaixo de 76°C.

Essa primeira destilação do vinho pode ser feita a uma temperatura de 80°C. Isso produz um destilado que é 50% a 60% álcool. Essa é a *aqua vitae* de Vilanova e pode ser usada na preparação de tinturas herbáceas. Destilações subsequentes feitas mais precisamente a uma temperatura de 78,5°C (o ponto de ebulição do etanol) produzirão um espírito mais ácido chamado "Espírito do Vinho". A concentração mais elevada que você pode conseguir é de 95%, por causa da natureza hidroscópica do álcool. Numa concentração mais alta do que essa, o álcool absorveria muito rapidamente o vapor de água do ar até chegar a 95% de concentração. A água remanescente poderá ser retirada com Sal de Tártaro calcinado. O espírito resultante se chama Espírito do Vinho Retificado.

Espírito do Vinho Retificado

Para retificar o Espírito do Vinho, aqueça Sal de Tártaro, calcinando-o pelo menos por uma hora a 350°C. Esse aquecimento pode ser feito num forno comum; a secagem do Sal de Tártaro permite que ele absorva a água remanescente no Espírito do Vinho. Misture uma parte do Sal de Tártaro com quatro partes do Espírito do Vinho e deixe macerar durante um dia, para que o carbonato de potássio absorva a água. Agite de vez em quando, mas mantenha o frasco fechado para que o vapor de água da atmosfera não entre nele. Destile. O destilado final é o Espírito do Vinho Retificado.

A porcentagem de álcool pode ser aumentada por meio de destilações subsequentes com Sal de Tártaro calcinado e uma proporção menor de tártaro acrescentada ao Espírito do Vinho, isto é, uma parte de tártaro calcinado para seis partes de Espírito do Vinho, seguida por outra destilação numa proporção de 25 gramas de tártaro calcinado para 1.000 ml de Espírito do Vinho. Com captadores de umidade, a porcentagem de álcool pode chegar a 99,5°C. O armazenamento nesse grau de pureza é extremamente difícil por causa da natureza hidroscópica do álcool, e por isso o Espírito do Vinho retificado a esse ponto deve ser usado imediatamente.

Vinagre Destilado

A purificação do vinagre para a produção de um ácido acético concentrado pode ser feita tanto por congelamento como por destilação. Trataremos da destilação. A ventilação do local é muito importante, pois você estará destilando um ácido. O ácido acético ferve a 118°C e a água a 100°C. Por isso, nessa destilação, água e água com quantidades variáveis de ácido acético surgirão primeiro, à medida que a temperatura aumentar. A primeira fração que surge a 100°C é principalmente água. A segunda fração aparece a partir de 103°C, chegando ao máximo a 105°C. Reserve a primeira e a segunda frações, mantendo-as separadas. Elas contêm ácido acético, que pode ser recuperado por meio de destilações subsequentes. Troque os recipientes quando a temperatura estiver em torno de 105°C. A terceira fração surge entre 105°C e 118°C e é constituída principalmente de ácido acético. Destile cuidadosamente.

Não queime e não destile a matéria restante a ponto de secá-la, mas somente até que adquira a consistência do mel. O destilado é o vinagre destilado. Você pode destilar novamente o destilado até que a concentração do ácido acético esteja em 80%. Para a maioria dos trabalhos com metais, uma concentração de ácido acético de 20% a 30% é suficiente. Determine a concentração acética com um hidrômetro.[39]

Como o vinagre contém 5% de ácido acético, para obter um litro de ácido acético com concentração de 80%, você precisará começar com 16 litros de vinagre de vinho tinto. Isso representa 16 litros de líquido a destilar, sendo 95% de água. Uma maneira simples de retirar o volume de água é congelar o vinagre antes da destilação, concentrando-o assim num volume menor, mais fácil de manusear.

Para concentrar o vinagre por congelamento, verta o vinagre de vinho tinto numa garrafa até a metade. Deite a garrafa de modo que o líquido não chegue até a boca. Deixe-a congelar (o vinagre com 5% de ácido acético congela a -3°C). O congelamento do vinagre com a garrafa inclinada nesse ângulo permite que o ácido acético drene melhor ao derreter. Quando todo o líquido estiver congelado e sólido, incline a garrafa de boca para baixo dentro de um frasco ou garrafa coletora. O ácido acético se liquefaz primeiro (ponto de fusão: 16,7°C) e escorre vermelho para o frasco ou garrafa. Recolha o material que escoa em várias frações até que o bloco de gelo na garrafa original esteja branco ou incolor. Isso mostra que sobrou apenas água. Jogue o gelo fora.

Congele novamente essas várias frações e retome o ciclo congelamento/escoamento, concentrando o ácido acético até obter um volume manuseável e pronto para destilar.

CAPÍTULO DEZ

A Purificação de Sais: Calcinação, Cristalização e Sublimação

Calcinação

Ver p. 88 Sal de Tártaro.

Cristalização

Cristalização é um equilíbrio entre sólido e líquido. Água em demasia produz uma solução; pouca água deixa o material quebradiço. Com a proporção correta de água, o sal e a água se combinam e forma-se um cristal. Essa água, necessária para a cristalização, muitas vezes é chamada de "água de cristalização". Com a aplicação de calor ao cristal, a água se torna ar, secando o cristal e transformando-o em pó. Vemos novamente um exemplo da rotação dos elementos.

Para cristalizar um sal solúvel, primeiro dissolva o sal a ser cristalizado em água destilada. Aqueça a 45°C-50°C e faça uma solução saturada acrescentando mais sal, mexendo e agitando até não dissolver mais. Deixe descansar por uma hora ou pouco mais e em seguida decante-a em outro frasco e a mantenha aquecida. Quando pequenos cristais começarem a se formar, retire a solução do calor e resfrie.

Para produzir belos cristais, separe uma porção da solução preparada e verta-a num béquer até uma altura de cerca de 3 cm. Cubra levemente com uma folha de metal ou com papel-toalha e deixe de lado até se formarem cristais com aproximadamente 2 cm a 5 cm de comprimento. Acrescente mais solução conforme seja necessário.

Quando os cristais estiverem com o tamanho desejado, decante a solução e a verta na solução saturada reservada. Escolha os cristais mais bonitos e coloque cada um em seu próprio béquer com 3 cm de solução. Uma vez por dia, com cuidado e leveza, vire o cristal. Se outros cristais começarem a se formar, decante a solução e transfira os cristais menores e essa solução para a solução estocada. Isole os cristais maiores e acrescente mais solução para cobrir o cristal.

Sublimação

Alguns sais, quando aquecidos, não passam por uma fase líquida, mas se transformam diretamente em gás, deixando as impurezas para trás. Quando esse gás é resfriado, ele se condensa diretamente e se transforma em sólido. Repetindo esse processo várias vezes, um sal com essa propriedade, como o sal amoníaco (NH_4Cl), é purificado.

Para sublimar sal amoníaco, em primeiro lugar providencie para que haja ventilação adequada. O gás produzido é muito tóxico. Não respire os vapores.

Triture o sal amoníaco até reduzi-lo em um pó muito fino. Coloque uma camada uniforme (não mais do que 2 cm de espessura) desse pó numa travessa pirex e cubra-a com uma tampa de vidro. Aqueça o sal (o sal amoníaco sublima a 520°C) até que ele sublime no fundo da tampa, deixando um depósito com cerca de 2,5 cm de espessura. Esse sublimado é o sal amoníaco purificado. Raspe-o e torne a sublimar. De novo, retire o que ficou sublimado na tampa e repita até não haver mais resíduo escuro, indicando que todo o sal se sublimou. Para purificar sal amoníaco, é necessário sublimar o sal pelo menos três vezes. Se o sal é amarelo, é um bom sinal. Esse é o sal amoníaco três vezes sublimado, que será usado no decorrer de todo o trabalho.

CAPÍTULO ONZE

Outros Trabalhos com Água e Álcool

Archaeus da Água

Archaeus, do grego *archeios*, governante, é um termo cunhado por Paracelso para denotar o sentido de uma força vital e um agente de direção. O Archaeus da Água é essa força vital da água. Ele se torna manifesto ou livre pela separação e purificação dos Quatro Elementos e subsequente separação e purificação dos Três Princípios dos elementos, seguidas da recombinação dos princípios e em seguida dos elementos.

Criar o Archaeus da Água é uma introdução muito boa aos Quatro Elementos e à prática da purificação por meio da arte da destilação, ao mesmo tempo que se produz uma forma de água muito ativa e potente.

Coloque dois litros de água da chuva coletada durante uma tempestade, ou de orvalho, num frasco e cubra-o com papel-filtro para que ela possa respirar, e também para que não entre poeira. Deixe o frasco num lugar quente durante um mês, para que a água entre em putrefação. Prepare o aparelho de destilação. Destile porções de 500 ml usando um aludel para possibilitar a expansão máxima dos elementos. A primeira porção de 500 ml a aparecer é o elemento Fogo, seguido pelo Ar, depois pela Água; a última porção de 500 ml é Terra. O resíduo que resta no frasco de destilação terá a aparência de uma massa esponjosa, viscosa. Reserve-a e seque-a suavemente. Ela é chamada de "verdadeiro gur[40] universal". Ela supostamente traz alguns benefícios para a saúde, mas isso precisa ser investigado.

Cada uma das quatro porções elementares é então destilada em três frações (de 166,66 ml cada) para cada um dos Três Princípios. Os princípios aparecem em ordem de volatilidade, primeiro Mercúrio, depois Enxofre e finalmente Sal. No fim da destilação, você terá doze porções de 166,66 ml de água destilada. Você terá Mercúrio de Fogo, Enxofre de Fogo, Sal de Fogo; Mercúrio de Ar, Enxofre de Ar, Sal de Ar, e assim por diante.

As doze porções são então recombinadas por princípios de um elemento em particular para recriar o Elemento original. Por exemplo, despeje o Mercúrio de Terra no Sal de Terra e acrescente Enxofre de Terra. O resultado é o elemento Terra reconstituído. Reconstitua todos os elementos dessa maneira. Pegue então os Elementos e os misture, nesta ordem: primeiro Terra com Água, e depois acrescente o Ar e o Fogo. Uma vez totalmente reconstituído, esse é agora o Archaeus da Água. Essa é uma água altamente potencializada.[41] Embora tenhamos começado com água da chuva putrefata, qualquer água será muito melhorada com esse processo.

Óleo de Tártaro per deliquium [por deliquescência] *(oleum tartari p.d.)*

Coloque Sal de Tártaro bem calcinado numa tigela não metálica; é recomendável cerâmica vitrificada. Coloque a tigela pelo menos 30 cm distante do chão em um porão ou outro lugar úmido até que o conteúdo se transforme em óleo (de preferência, faça isso na primavera). Filtre e armazene num recipiente que não seja de metal nem de vidro. Esse é o Óleo de Tártaro e é usado para fazer o *primum ens* de ervas. Filtrando e destilando esse óleo, obtém-se *Água de Anjo*, que pode ser utilizada na extração de essências.

Espírito de Vinho dos Sábios

Para fazer esse espírito, segundo um diário de trabalho de 1655 pertencente a Sir Robert Boyle, deve-se "Colocar espírito de vinho & sal amoníaco reduzido a pó finíssimo numa Retorta até que o Espírito (depois de algumas Coobações) fique suficientemente impregnado com o Sal".[42] O dr. Theodore Kerckringius, em sua tradução de *O Carro Triunfal do Antimônio*, de Basílio Valentim, *The Triumphal Chariot of Antimony*[43], feita em 1678, faz as seguintes especificações: Misture quatro onças (113 gramas) de sal amoníaco sublimado com dez onças (283 gramas) de espírito de vinho retificado. Digira num frasco até que o Espírito de Vinho fique cheio de "fogo ou enxofre do sal de amônia". Observe mudanças de cor durante as duas fases do ciclo lunar. Coobe três vezes. Esse é o Espírito de Vinho dos Sábios. Frater Albertus chamou-o de *Kerckringius Menstruum*, em homenagem ao dr. Kerckringius.

CAPÍTULO DOZE

O Trabalho com Ervas

É sensato iniciar o nosso trabalho utilizando ervas por várias razões. Além do motivo evidente de se obter com isso algumas preparações alquímicas herbóreas muito potentes, há também a experiência e a compreensão que se consegue ao trabalhar com materiais que são mais generosos. Essa experiência e um entendimento mais profundo da teoria alquímica são um fundamento essencial para um trabalho mais complexo.

Revisemos a teoria dos Três Princípios, aplicando-a ao Reino Vegetal.

Como todas as coisas, as plantas podem ser analisadas em função dos Três Princípios: Mercúrio, Enxofre e Sal.

Mercúrio–Espírito–Álcool

Obtido por meio da fermentação dos açúcares da planta por levedura. O Mercúrio é o mesmo em todo o reino vegetal, uma vez que todos os açúcares são transformados em álcool pelo processo de fermentação. O Mercúrio é uma matriz sutil em que se encontram o Enxofre e o Sal.

Enxofre–Alma–Óleo Essencial

Obtido por meio da destilação ou da prensagem de uma planta. O Enxofre é único para espécies particulares de plantas. O Enxofre é a matriz em que se encontra o Mercúrio.

Sal-Corpo-Sais Minerais

Obtido por meio de calcinações da matéria vegetal. Os Sais são feitos de vários sais minerais em proporções variadas, com carbonato de potássio em proporção maior. O Sal é a matriz em que se encontra o Enxofre.

Mercúrio, Enxofre e Sal são três matrizes que se interpenetram. Cada uma depende das outras para criar e manter as plantas.

O trabalho com ervas consiste na separação dos Princípios, na sua purificação e posterior recombinação. Esse processo também é chamado de *espagiria, espagíria* ou *espagírica,* do grego *span,* "arrancar", e *ageirein,* "reunir", "combinar". Isso é feito de várias maneiras, cada uma gerando um produto final diferente. Você pode usar esses preparados do mesmo modo que usaria a erva a partir da qual eles foram produzidos. Esses produtos alquímicos são muito mais potentes e reforçados, por isso deve-se tomar cuidado ao usá-los.

Tinturas Espagíricas

Uma tintura espagírica é um extrato de álcool de uma planta que utiliza os três Princípios purificados da planta, isto é: o Mercúrio, o Enxofre e o Sal.

A seguir apresentamos dois métodos para fazer a tintura espagírica de uma erva. O primeiro se baseia num procedimento padrão para tinturas herbáceas. O outro é adaptado de *Art of Distillation*[44], de John French.

1. Macere uma erva numa solução de água e álcool na proporção de 50:50 durante duas semanas. Essa solução alcoólica pode ser *aqua vitae,* destilada do vinho ou, mais rapidamente, da vodka. Filtre, esprema a massa para retirar cada gota da erva, e reserve a solução. Calcine os sólidos vegetais remanescentes até virarem cinza. A seguir, acrescente a cinza à solução, faça circular durante uma semana e depois filtre; ou pegue a cinza e extraia e purifique seu Sal de Tártaro. Em seguida, acrescente-o

à tintura. Esse segundo nível de purificação para esse tipo de tintura não é necessário desde que a cinza seja adequadamente filtrada da tintura.

2. Pique bem uma erva fresca. Acrescente água, lêvedo e açúcar (não é necessário, mas aumentará o volume de álcool) à erva recém-cortada e deixe a mistura fermentar. Quando não houver mais produção de gás, a fermentação acabou. Com um aludel, destile muito suavemente. Destile até haver duas partes destiladas para cada parte da erva fresca usada. Ao destilado acrescente Mercúrio puro suficiente para aumentar a concentração até pelo menos 15%. Calcine a matéria vegetal remanescente. Purifique os sais e adicione-os à tintura. Como essa é uma tintura espagírica mais refinada, é melhor purificar os sais antes de acrescentá-los à tintura.

Uma tintura espagírica difere da tintura de ervas comum pelo fato de que as tinturas espagíricas contêm os sais de plantas que completam todo o perfil terapêutico da planta em questão.

As tinturas devem ser feitas de ervas para cada um dos sete planetas. O Apêndice 2 oferece uma breve lista de algumas ervas mais úteis e interessantes e sua regência planetária para ajudar a escolher uma erva apropriada.

O Magistério Herbáceo

O Magistério é a virtude medicinal de uma substância, neste caso de uma erva, preservada num veículo.

Macere ½ kg de erva em 2 litros de água durante um a três dias. A maceração ajuda a diluir a planta e libera os óleos. Quando estiver pronta para destilar o óleo essencial, acrescente mais água para aumentar o volume até o nível desejado (2 litros). Destile o óleo. Consulte o Apêndice 1 para as técnicas e equipamentos necessários à destilação. Separe o óleo e conserve-o numa garrafa de vidro escuro. Deixando o frasco de destilação e o material restante esfriar e "descansar" de 12 a 24 horas, e em seguida continuando a destilação, é possível extrair mais Enxofre. Observe que a parte principal do Enxofre sai na primeira destilação e, por isso, a continuação da destilação é apenas questão de tempo e eficiência. Reúna todas as garrafas e junte-as em uma só. Esse é o Enxofre.

Acrescente lêvedo e açúcar à mistura que restou, ajuste a temperatura para 27°C e deixe fermentar. Quando a fermentação tiver terminado, coe a mistura e reserve a massa para calcinações. Destile o líquido para extrair o Espírito. Retifique o Espírito e guarde-o numa garrafa de vidro. Esse é o Mercúrio.

Calcine o líquido e os sólidos restantes até virarem cinza. Eles podem ser calcinados juntos ou em separado. Quando evaporado e calcinado, o líquido remanescente produzirá Sal de Enxofre. Os sólidos, depois de calcinados, produzirão Sal de Sal.

Como os dois sais acabarão sendo misturados, aqueça e calcine toda a mistura de líquido e sólido. Dissolva a cinza dessa calcinação, filtre-a e evapore-a; repita até que os sais estejam tão puros quanto possível. Se você processou os dois sais separadamente, eles devem ser recombinados nesse ponto. Esse é o Sal.

Misture 500 ml de Mercúrio, todo o Enxofre e todo o Sal. Acrescente parte do Mercúrio aos Sais, apenas o suficiente para dissolvê-los, e acrescente todo o Enxofre. Acrescente mais Mercúrio se parecer que isso é necessário para manter o Sal e o Enxofre em solução. Feche-os num frasco bem vedado e deixe-os digerir por um mês à temperatura de 40°C, e depois agite durante mais um mês. Se necessário, acrescente mais Mercúrio para manter o Sal e o Enxofre em solução.

Esse é o Magistério de uma erva determinada, isto é, a virtude medicinal de uma erva específica num veículo específico, isto é, o Mercúrio, álcool. Ele tem todas as virtudes da planta purificadas e intensificadas. É uma tintura 1:1 por peso:volume. No presente caso, são 500 gramas de erva seca para 500 ml de solvente.

Como alternativa, pode-se trabalhar com Mercúrio destilado de vinho em vez de realizar todo o processo de fermentação, e também trabalhar com óleos essenciais destilados comercialmente (desde que destilados a vapor e que nenhum outro método de extração tenha sido usado).

Como no caso das tinturas, devem ser preparados Magistérios para cada um dos sete planetas.

Pedra de Planta Espagírica

Os Três Princípios podem ser combinados de modo que o Sal e o Enxofre predominem para dar origem à pedra de planta espagírica. Essa Pedra Vegetal é uma substância dura, com aparência de cera, resultante da separação, purificação, combinação e digestão bem-sucedidas dos Três Princípios. A Pedra não pode formar uma separação como o *circulatum minus* é capaz de realizar (ver p. 112), mas contém todas as virtudes da planta da qual foi feita. E é muito mais energética e eficaz do que a erva em estado natural, pois ficou livre do material supérfluo e impuro.

A Pedra Vegetal pode adquirir uma aparência que varia da de uma substância semelhante a alcatrão até a de uma pedra translúcida, totalmente digerida, como cera solidificada. Independentemente da sua forma externa, se ela foi bem combinada, as virtudes da planta, sejam elas medicinais, iniciáticas, ou outras, serão intensificadas.

Para fazer a Pedra Vegetal, combine Sal, Enxofre e Mercúrio de uma planta como foram preparados no Magistério (ou obtidos comercialmente), e os coloque em digestão. Há várias maneiras de fazer isso.

Numa delas, os Sais são acrescentados ao Mercúrio, e a mistura circula e digere a 40°C. Essa é então a matriz à qual o Enxofre é adicionado, e posto em circulação e digestão. Em seguida, é destilado suavemente. Repita esse processo de adição de Mercúrio e Enxofre até que o Sal tenha absorvido todo Enxofre e Mercúrio possível.

A outra ordem de combinação, que eu considero melhor, é primeiro acrescentar o Enxofre ao Sal. Assim, parte do Sal se volatiza antes de ser absorvido pelo Mercúrio e nele se dispersar. Além disso, o Sal deve estar muito bem calcinado, e deve ser aquecido por uma hora antes de ser usado, para garantir que toda a água tenha sido retirada.

Lembre-se, óleo e água não se misturam. A água impedirá que ocorra uma mistura muito forte.

Coloque de maneira uniforme o Sal aquecido num frasco e acrescente o Enxofre de modo a cobrir o Sal apenas superficialmente. Vede o frasco e incube-o a 40°C durante uma semana. Se o Sal secar, acrescente mais Enxofre. Quando a quantidade de Enxofre que flutuar sobre o Sal for a mesma que se acrescentou a ele, isso indica que o Sal absorveu todo o Enxofre que pôde e adquirirá uma aparência de cera, viscosa.

Acrescente Mercúrio em quantidade suficiente para cobrir a mistura de Sal e Enxofre superficialmente. Digira e acrescente mais Mercúrio até que o Sal não consiga absorver mais nada.

Um terceiro método consiste em fazer uma mistura com uma parte de Mercúrio e uma parte de Enxofre. Essa mistura é então adicionada ao Sal purificado de modo que uma camada fina (de aproximadamente 1 cm) flutue sobre o Sal. Digira e circule-a por uma semana. O procedimento é repetido até que, durante as calcinações, o Sal derreta como cera sem produzir fumaça.

Se algum desses métodos produzir uma substância com consistência de cera e aparência de "pedra", tire uma pequena porção dela e teste-a, observando se ela se dissolve em água. Se isso acontecer, use uma proporção maior de Enxofre com relação ao Mercúrio, e repita o ciclo ao longo de mais duas ou três calcinações e absorções, circulações e digestões, até que a substância não se dissolva mais em água. É o Enxofre que mantém a pedra coesa. Ele é a alma que une Espírito e Corpo.

A trituração e a calcinação suaves da Pedra e a repetição do processo com mais Enxofre e Mercúrio podem aumentar sua virtude. Quanto mais se repete o procedimento, mais potente a Pedra se torna. Essa Pedra tem todas as virtudes da planta, mas num nível mais energético.

Independentemente da ordem em que os Três Princípios foram combinados, coloque a Pedra numa câmara incubadora e deixe-a digerindo de seis meses a um ano até que fique sólida. Essa é a Pedra Vegetal.

Se a planta em questão tem pouco ou nenhum óleo volátil, pode-se extrair uma tintura macerando a planta em Espírito de Vinho Retificado. O líquido extraído é uma mistura de Enxofre e Mercúrio. Destile o Mercúrio, que agora se tornou "determinado" por meio do seu contato íntimo com a planta. Esse líquido destilado é guardado para uso na recombinação dos princípios. Água destilada é acrescentada ao líquido esverdeado remanescente e a mistura é então digerida num banho de água em torno de 80°C até que a água apresente uma cor vermelha intensa. Deixe a solução esfriar e em seguida filtre. A água contém os sais orgânicos da planta. Evapore-a bem lentamente; ela adquirirá uma consistência de xarope, semelhante ao mel, ou então se cristalizará. Dissolva e recristalize para purificar o Sal de Enxofre.

Se o Sal de Enxofre formar cristais, separe pesos iguais de Sal de Enxofre e Sal e em seguida misture-os bem. Depois embeba com o Mercúrio determinado. Se o Sal de Enxofre adquirir uma consistência de mel, dissolva o Sal de Enxofre com o Mercúrio determinado e em seguida embeba o Sal com essa mistura. Siga os procedimentos acima para terminar a Pedra.

Outro método de trabalho com plantas com pouco Enxofre é realizado por meio de Óleo de Tártaro. Paracelso se referia a extratos elaborados dessa maneira chamando-os de *ens*. O *ens* é o aspecto curativo essencial de uma planta — sua virtude. Um *ens* famoso é o *primum ens Melissae,* o *ens* do Bálsamo de Limão (*Melissa officinalis*). O Bálsamo de Limão é uma erva com muito pouco Enxofre.

Primum Ens Melissae

O *Primum ens* é o primeiro extrato de natureza mineral. Ele é a primeira matéria, a sede da vida e do movimento. Com uma nova infusão de vitalidade propiciada pelo *ens*, o corpo humano pode rejuvenescer.

Em sua biografia de Paracelso, Franz Hartman cita Paracelso a respeito da criação do *primum ens Melissae,* um material muito poderoso e rejuvenescedor derivado da erva Bálsamo de Limão, uma erva com muito pouco óleo essencial. Hartman cita Lesebure, médico de

Luís XIV da França, que faz o seguinte relato sobre o uso e efeito do *primum ens Melissae:*

> Todas as manhãs, ao nascer do sol, primeiro ele tomava um copo de vinho branco que fora impregnado com esse remédio. Depois de usá-lo durante quatorze dias, suas unhas dos pés e das mãos começaram a cair, mas sem causar nenhuma dor. Ele não teve a coragem suficiente para continuar o experimento, porém ministrou o mesmo remédio para a velha serva. Ela o tomou todas as manhãs durante uns dez dias, quando começou a menstruar novamente, como na juventude. Ficou muito surpresa com isso, pois não sabia que havia tomado um remédio. Assustada, recusou-se a continuar o experimento. Meu amigo, então, pegou alguns grãos de milho, mergulhou-os naquele vinho e os deu a uma galinha velha; no sexto dia, ela começou a perder as penas, e continuou a perdê-las até ficar totalmente depenada. Mas antes de se passarem duas semanas, novas penas cresceram, com um colorido muito mais bonito; sua crista voltou a aprumar-se e ela começou novamente a botar ovos.[45]

Eis a descrição do processo. Esse procedimento pode ser utilizado de modo geral para extrair o *ens* de qualquer erva. Ele é especialmente útil em plantas com pouco óleo essencial.

Cubra folhas frescas de Bálsamo de Limão (*Melissa officinalis)* com Óleo de Tártaro (ver p. 97). Vede o frasco e digira. Em 24 a 48 horas, o Óleo de Tártaro terá extraído uma tintura da erva. Retire essa tintura das folhas e jogue-as fora.

Derrame sobre esse líquido Mercúrio bem vigoroso, cobrindo-o com uma camada de 2 cm a 5 cm de espessura. Quando o Mercúrio ficar intensamente tingido, retire-o, reserve-o e derrame Mercúrio fresco sobre o líquido alcalino. Repita até que o Mercúrio absorva toda a cor. Isso pode demorar de um a três meses.

Essa tintura é então suavemente destilada até que a matéria no frasco comece a engrossar. Interrompa a destilação nesse ponto. Despeje a tintura em espessamento num prato de evaporação e deixe o álcool remanescente evaporar até que a tintura adquira uma consistência de xarope. Esse é o *primum ens Melissae.* O álcool destilado pode ser reutilizado. Como alternativa, a tintura pode ser deixada como está depois de extraída, e essa é então a Tintura de *primum ens Melissae.*

O *ens* deve ser preparado para cada planeta. Abaixo há uma boa seleção de ervas com que se pode trabalhar. A maioria delas, como o Bálsamo de Limão, tem um conteúdo de Enxofre muito baixo. Todas também são bastante amigáveis e saudáveis. Antes de usá-las, saiba perfeitamente como fazê-lo e procure conhecer bem tanto os benefícios das ervas como o seu estado físico pessoal.

Lua — Hissopo
Mercúrio — Segurelha
Vênus — Manto da Senhora
Sol — Rosa boticária
Marte — Manjericão
Júpiter — Bálsamo de Limão
Saturno — Cavalinha

Sais de Tártaro Volatilizados

A volatilização do Sal era um dos principais problemas dos alquimistas — como fazer o fixo voar. O fixo, neste caso o Sal, é quase sempre o Sal de Tártaro. Em vez de apenas descrever o procedimento, tomarei este como exemplo de um modo de abordar a questão. A pergunta aqui não é apenas esta: "Como o Sal de Tártaro se volatiliza?", mas também, talvez mais filosoficamente: "Como se faz o fixo voar?"

Para iniciar a abordagem da questão, primeiro reúna num único lugar todas as referências a respeito do processo sob investigação — aqui, a volatilização do Sal. Ao mesmo tempo, descubra os emblemas, imagens e metáforas que os alquimistas usaram para a volatilização do fixo. Leia sobre todos os processos e veja o que eles têm em comum. Descubra qual é o formato geral e o fluxo do processo. Comece a reproduzir algumas imagens visuais encontradas. Utilize essas imagens como objeto das suas reflexões sobre o processo. Busque as ressonâncias internas com a tradição espiritual com a qual você trabalha interiormente. Cada um dos aspectos começa a reforçar outro e, aos poucos, as contradições se resolvem e o caminho fica desobstruído. Vou apresentar aqui apenas os processos físicos, deixando o trabalho interior mais sutil para você.

Johann van Helmont, *Ortus Medicinae*. 1648.
Dissolva Sal de Tártaro em vinagre de vinho morno e ponha-o a digerir num local aquecido durante 40 dias. Remova o vinagre; restará um sal cristalino claro. Dissolva esse sal em água da chuva destilada e filtre-o várias vezes. Evapore a água; restará um sal claro branco como a neve. Desse sal destile através da água um espírito em banho de água. Depois de remover o espírito, deixe o sal assentar por mais um mês num banho de areia. O sal irá sublimar e fixar-se nas paredes do vidro. Esse é o Sal de Tártaro Volatilizado.[46]

Sir Robert Boyle. Work Note Books 1655 BP 8 fol 141v. Item 20.
Para fazer um Elixir Salis volatilis, Rx óleo Essencial 2 partes, Sal de Tártaro puro uma parte (Stirke[47] às vezes me dizia que utilizava 3 partes de óleo e duas de sal) e deixe-os circular fornecendo-lhe calor pelo fundo do recipiente durante 3 a 4 meses. O sal ficará como açúcar cristalizado e um tanto tingido de óleo, e grudará nas paredes do Vidro (que deve ser grande e resistente e bem vedado com Luto de cera e *colephonia*, no Fundo do qual entretanto restará algum licor. Stirkius.

Item 89.
Pegue Sal tartari bem úmido, mas não o bastante para se tornar lixívia e embeba-o aos poucos com um óleo químico, batendo e misturando-os muito bem com um pilão apropriado; depois esprema-os bem numa travessa e deixe-os expostos a céu aberto. E em poucos (3, 4 ou em geral 7 ou 8) dias ele se tornará um açúcar cristalizado, que depois pode ser embebido com um novo óleo (e manipulado como antes) até ficar saturado. NB. 1. O dr. St. pegou

uma libra (450 g) óleo de Menta (*Speake-mint*), e a mesma quantidade de Sal de Menta, e também a mesma quantidade de erva e os bateu em losangos (largos e finos) que aos poucos, expostos a céu aberto, se transformaram em açúcar cristalizado. 2. Esses açúcares, por meio de coobações com espírito de vinho puro, passarão pela Retorta, deixando apenas uma substância resinosa que pode se liquefazer em Água & c.

Encyclopedia Brittanica. 1771. Vol.2, p. 154. *Para Combinar Óleos Essenciais com Alcalinos Estáveis.*
Aqueça num cadinho Sal de Tártaro, ou outro álcali, totalmente calcinado, até que ele fique aquecido ao rubro, e nessa condição despeje-o num cadinho de ferro quente. Triture-o rapidamente com um pilão de ferro quente; logo que se transformar em pó, despeje aos poucos sobre ele uma quantidade quase igual de óleo de terebintina. O óleo penetrará no sal e se unirá firmemente a ele, formando uma pasta consistente. Continue a triturar essa composição com um pilão para completar a união das duas substâncias; e, à medida que o óleo de terebintina for desaparecendo, acrescente mais; ele se unirá da mesma maneira e dará uma consistência mais macia à massa semelhante a sabão.

O método de Starkey de misturar e esperar era mais enfadonho. Esse método mais rápido é atribuído ao dr. Geoffroy.

Ao examinar essas fórmulas, descobrimos que a principal característica que elas têm em comum é o fato de que algum líquido atua sobre o Sal de Tártaro. Os líquidos podem ser um vinagre destilado ou então um óleo essencial, sendo ambos os tipos compostos de ácidos orgânicos.

Em geral, para volatilizar sais minerais alcalinos, utilize ácidos orgânicos ou ácido acético, ou então os ácidos orgânicos encontrados em resinas ou óleos voláteis. O óleo essencial, simplesmente acrescentado ao Sal de Tártaro e digerido, volatiliza o sal. Melhorias no processo incluem o aquecimento do sal para assegurar sua secura e mantê-lo aquecido ao acrescentar o Enxofre.

O tártaro também se volatiliza por meio da coobação com vinagre destilado. Acrescente vinagre destilado ao Sal de Tártaro, e o tártaro irá efervescer. Continue acrescentando vinagre até que o sal fique saturado e a efervescência seja interrompida. Coloque essa mistura num frasco e prepare para uma destilação com banho de areia. Destile lentamente com um aquecimento suave até não restar nada além de uma matéria seca. Acrescente um pouco de vinagre até que o sal fique saturado e destile novamente até secar.[48] O sólido remanescente é semivolátil. Sublime os sais. Esse sal sublimado é o Sal de Tártaro Volátil.

Sabendo isso, volte no processo e comece a definir um plano de trabalho. Depois, comece a trabalhar efetivamente. Durante as atividades, relembre as diversas imagens com que você esteve trabalhando e veja como elas se relacionam com o processo que está à sua frente e um com o outro. Compare os resultados com os textos originais nos quais esse processo teve origem. Como ele se compara com seu experimento? Faltou alguma coisa? A experiência com sais volatilizados é proveitosa para compreender a alquimia e é a chave para o trabalho seguinte, o *circulatum minus* — uma criatura verdadeiramente alquímica.

O Circulatum Minus

Um *circulatum* é simplesmente qualquer meio ou solvente que pode ser usado e recuperado para ser usado novamente. Paracelso escreveu sobre ele em toda a sua obra. Mas há um breve tratado do Barão Urbigerus, escrito em 1691, que atrai a nossa atenção. Nessa pequena obra, ele apresenta orientações explícitas para a composição de um *circulatum*, que ele chama de *circulatum minus* — a circulação menor. Essa circulação extrai rapidamente os Três Princípios de uma planta fresca nela imersa. Depois de alguns momentos de imersão nesse líquido, o Enxofre, com parte do Sal, começa a borbulhar e a flutuar na superfície. Aqui, concentradas, estão todas as virtudes medicinais da planta imersa.

Em seu tratado, Urbigerus esboça três métodos possíveis para essa extração. Os métodos, na verdade, diferem apenas no modo como se chegou aos materiais iniciais, os Três Princípios — o primeiro é feito "filosoficamente" sem "adição"; o segundo, por meio da videira, "uma Planta do Grau mais nobre"; o terceiro, que descrevo aqui, é com material preparado comercialmente. Mas o processo que eles realizam é o mesmo para todos.

O processo geral é o seguinte: O Enxofre é misturado com o Sal para volatilizá-lo. Acrescenta-se mais Enxofre até que o Sal fique saturado. Essa mistura é então circulada com espíritos de vinho altamente retificados, e depois digerida. Em seguida é destilada e coobada pelo menos sete vezes. A destilação final produz o *circulatum minus*. Feita a descrição do processo e do trabalho em termos bem gerais, apresentarei o procedimento explicitamente, de acordo com a experiência prática.

O Terceiro Método do Barão Urbigerus para preparar o Circulatum Minus

VI. A terceira maneira comum é apenas uma Conjunção de um Sal Vegetal fixo com seu próprio Espírito sulfuroso volátil, ambos encontrados prontos, preparados por qualquer Químico comum, e como na sua Preparação o Enxofre mais puro, que contém a Alma, sofreu algum Detrimento por não terem sido manipulados filosoficamente, eles não podem ser juntados inseparavelmente sem um Meio sulfuroso, pelo qual a Alma, sendo fortalecida, o Corpo e o Espírito também se tornam capazes, por intermédio dele, de uma União perfeita.

VII. O Meio apropriado, requisito para a União indissolúvel desses dois Sujeitos, é somente uma Matéria sulfurosa e betuminosa, derivada de uma planta, viva ou morta, que pode ser encontrada em várias partes do Mundo, e é conhecida de todos os pescadores do mar (achamos que os Copavian [bálsamos de copaíba] são os melhores, seguidos pelos italianos), por meio da qual, depois de ser separada de suas partes feculentas com o nosso Mênstruo Universal, sendo dilatados todos os Poros e Átomos do Sal Vegetal fixo, que é extremamente fortalecido por ela, torna-se capaz de receber seu próprio Espírito e de unir-se com ele.[49]

O meio que permite o uso de materiais obtidos comercialmente, a "Matéria sulfurosa e betuminosa", é uma resina[50] conhecida por todos os "pescadores do mar". Vamos examinar a expressão "pescadores do mar". Não é apenas alguém que vai para o mar, mas um pescador, alguém que pesca no mar. Há uma árvore que cresce ao longo das costas meridionais da Europa, e que é conhecida, diferentemente do seu nome comum, como pinheiro marítimo, pinheiro do mar ou pinheiro do oceano. Seu nome botânico é *pinus pilaster*[51], e é a fonte do óleo de terebinto, isto é, do óleo de terebintina. Foi esse o óleo descoberto por George Starkey, que se mostrou ser ele a essência mais eficaz para volatilizar o Sal de Tártaro. Urbigerus menciona que o Bálsamo de Copaíba é o melhor, seguido pelo pinheiro italiano. Em termos práticos, é possível utilizar qualquer bálsamo, e na verdade já se obteve êxito com a utilização do bálsamo do Canadá, resina de óleo obtida do *Abies balsamea,* do Cipreste e de outras variedades. O importante é que a resina utilizada tenha ainda presentes seus ácidos orgânicos naturais, porque são esses ácidos que produzem a volatilização do Sal.

Os materiais necessários para esse método são: 1. Os Sais da planta, purificados e calcinados, ou o Sal de Tártaro obtido comercialmente (carbonato de potássio) também calcinado; 2. O Enxofre, isto é, o óleo essencial de uma planta. Se esse óleo for obtido comercialmente, verifique se foi destilado a vapor e não extraído através de solventes; 3. Para aumentar o Enxofre "enfraquecido"[52] usa-se um bálsamo. Qualquer dos bálsamos citados acima pode ser utilizado, além de outros com os quais o praticante queira fazer experimentos; e 4. O Mercúrio, um Espírito de Vinho altamente retificado.

Para 500 ml de *circulatum minus*, você precisa de cerca de 20 gramas de Sal, 25 ml de Enxofre, 35 ml de bálsamo e 500 ml de Mercúrio.

Essa é apenas uma indicação aproximada da quantidade de material que você deve ter à mão.

Umedeça levemente o Sal com o Enxofre. Em seguida, acrescente o bálsamo aos poucos, triturando e misturando tudo até obter uma consistência semelhante à do mel. Faça isso a 40°C. Descobri que usar um cadinho e o pilão sob uma campânula facilita o acesso à trituração e à mistura. Use todo o Enxofre e todos os Sais, e acrescente um pouco mais de resina. A consistência deverá ser a do mel. Digira a mistura a 40°C. Quando ela secar, volte a embeber com mais resina. Agite frequentemente, de nove a dez vezes ao dia. A exposição ao ar parece ser útil na volatilização do Sal, por isso faça a embebição e a digestão num frasco com tampa maior. Dentro de três a quatro semanas, o Sal deverá estar totalmente saturado, ter uma aparência pegajosa e vítrea, e transmitir uma sensação de sabão ao toque. Essa é a parte mais importante do processo. É nesse momento que se dá a volatilização do Sal.

Quando o Sal estiver pronto, acrescente oito partes do Mercúrio retificado a uma parte da mistura Sal/Enxofre/bálsamo. Deixe a mistura decompor-se durante oito a dez dias; agite-a diariamente. Você deverá observar uma mudança na coloração e o Sal aparecerá como limo no fundo do frasco. Circule-o por uma semana.

Destile cuidadosamente — não deixe a resina transbordar nem deixe queimar. Coobe, isto é, faça com que o destilado seja vertido de volta sobre a mistura remanescente no frasco. Digestões adicionais podem ser úteis. Repita esse ciclo de destilação e coobação sete vezes. Proceda então à última destilação. Esse destilado tem um odor muito forte. É o *circulatum minus*.

Para testá-lo, pegue algumas folhas de uma planta nova e mergulhe-as na solução. Um *circulatum* correto separará os Três Princípios em menos de quinze minutos, dependendo da sua força.[53]

Depois de ler todo esse procedimento, volte e reveja a seção sobre a volatilização de Sais. Você perceberá que no item 89, Sir Robert Boyle descreve um processo semelhante relativo ao uso de óleo essencial para volatilizar o Sal e recorre ao Espírito de Vinho para realizá-lo.

É importante procurar compreender os processos subjacentes e não apenas seguir receitas de modo submisso. O domínio do *circulatum minus* é a base do trabalho futuro. Não há como dissimular o sucesso, nem possibilidade de autoilusão sobre o sucesso. No fim do processo, ou ele deu certo ou não deu. O que se aprende e ganha no processo é uma compreensão do modo como o próprio *circulatum* é um fundamento do trabalho.

Uma observação final: Esse processo é muito simples, mas bastante espinhoso. Prepare-se para realizar várias tentativas antes de obter sucesso. Mas compreenda que, mesmo falhando, você ganha experiência. Além disso, embora o destilado talvez não seja o *circulatum minus*, ainda assim é uma tintura espagírica maravilhosa e refinada.

CAPÍTULO TREZE

Plantas como Remédios e Substâncias Iniciáticas

Todas as coisas são venenos e nada é sem veneno.
Apenas a dose torna algo não venenoso.

— PARACELSO

Temos agora vários tipos de potentes remédios alquímicos: tinturas, magistérios, *ens* e pedras. Eles são tomados de acordo com a regência planetária da planta, do dia e da hora. O uso dessas preparações herbáceas como remédios é um tema que está muito além do objetivo deste livro. O uso adequado pode ser estudado nas obras de Nicholas Culpeper (1616-1654). Um estudo atento e minucioso da obra de Culpeper, *A Physical Directory, or a Translation of the London Dispensary*, sua tradução inglesa de 1649 do *Pharmacopoeia Londonesis*, bem como seu tratado sobre ervas de 1653, *The English Physitian,* constituirá uma boa base para o estudo de remédios alquímicos, sua preparação e uso. Ele oferece algumas orientações práticas para escolher as ervas mais eficazes levando em conta o mapa astrológico do paciente.

1. Fortifique o Corpo com Ervas da Natureza do senhor do Ascendente, não importa se é uma Fortuna ou uma Infortuna nesse caso.
2. Deixe que seu remédio seja um tanto Antipático ao senhor da Sexta.

3. Deixe que seu remédio tenha algo da Natureza do Signo ascendente.
4. Se o senhor da Décima é forte, use os Remédios dele.
5. Se não puder ser assim, use os Remédios da luz do tempo.
6. Fortaleça sempre a parte afetada do corpo com Remédios Simpáticos.
7. Preste atenção ao Coração, mantenha-o sobre as Rodas porque o Sol é a Fonte da Vida, e portanto os Remédios Universais Aurum potabile e a Pedra Filosofal curam todas as Doenças apenas fortalecendo o Coração.

Os efeitos desses preparados alquímicos são os da própria erva sobre o corpo físico, sobre os órgãos regidos pelo planeta que também rege a erva em questão. Nesses casos, tomam-se algumas gotas em água conforme necessário, ou na primeira hora do dia do planeta em questão. Por exemplo, plantas solares são tomadas nos domingos ao nascer do sol (lembre que a primeira hora do dia é regida pelo planeta regente daquele dia), plantas lunares são tomadas na segunda-feira ao nascer do sol.

Essas tinturas e outros preparados também têm efeitos em níveis mais sutis do corpo e podem ser utilizados de maneira mais iniciática. Por exemplo, os preparados herbáceos dos planetas, sejam eles tinturas ou magistérios, podem ser tomados em doses gradativamente maiores, começando com duas gotas diariamente em água, e aumentando, no decurso de um ano, até dez gotas por dia. Elas são ingeridas diariamente, acompanhando a ingestão das tinturas dos sete planetas uma vez por semana. É importante escolher plantas saudáveis e amigáveis para esse propósito. Escolha ervas que não acumulem toxinas, mas, ao contrário, que ajudem a liberar impurezas e promovam o equilíbrio dos órgãos representados pelos planetas. Como as preparações utilizadas desse modo têm efeitos muito sutis, um registro cuidadoso e reflexões sobre seus sonhos durante esse período são importantes.

Além dessas preparações herbáceas, o uso de qualquer preparado alquímico elaborado com metais ou minerais deve ser feito depois de consultar um médico plenamente qualificado e sempre sob a supervisão dele.

CAPÍTULO QUATORZE

O Trabalho com Minerais

Se o Céu quiser, saberás que a Natureza,
Como em tudo, é a mesma em toda parte.

— Versos de Ouro de Pitágoras

A alquimia é mencionada em contextos como o da astronomia terrestre, por exemplo em *Theatre of Terrestrial Astronomy*, de Edward Kelly. Ela é o estudo dos "planetas terrestres", isto é, os sete metais. Grande parte da alquimia, especialmente a partir de meados do século XVI, preocupava-se com o conceito dos Três Princípios e dos sete "poderes", isto é, os planetas.

O reino mineral pode ser analisado com base nos Três Princípios, como foi feito com as plantas. Paracelso disse: "Saiba que os sete metais procedem de uma matéria tríplice, especificamente, Mercúrio, Enxofre e Sal, mas com colorações distintas e peculiares... Mercúrio é o Espírito, Enxofre é a Alma e Sal é o corpo".[54]

O trabalho inicial consiste em abrir o metal e prepará-lo para o casamento no mundo vegetal (o intermediário para o mundo animal), transmutando-o assim para uso humano.

O primeiro passo nesse processo é a calcinação do metal. A calcinação é a ustulação do minério triturado logo abaixo do seu ponto de fusão, expondo-o ao ar para criar o óxido do metal (também um sal do metal). Entretanto, a calcinação do ouro é feita por outro método. Depois de calcinado e transformado em seu pó, o metal está pronto para ser aberto. John French, em seu *Art of Distillation*, diz que, "eles precisam ser antes reduzidos a sais, pois então não são mais corpos mortos, mas por essa preparação obtiveram uma nova vida e são os metais dos filósofos".[55] Chega-se a isso por meio dos chamados dragões da pedra, isto é, os espíritos dos sais minerais.

Os Dragões da Pedra: Espíritos ou Óleos dos Sais

Os sais minerais que nos interessam aqui são o sal marinho (cloreto de sódio), o sal amoníaco (cloreto de amônia), o salitre (nitrato de potássio) e os vitríolos (sulfatos). Vitríolos[56] são os sais de sulfato, geralmente de cobre, ferro, alumínio e zinco. Os mais comuns são o vitríolo azul, o verde, o alume e o branco, respectivamente. Como o sal marinho e o salitre, eles são minerais de ocorrência natural. Quando essas pedras, por exemplo o vitríolo, são aquecidas, o que se desprende primeiro é uma água, às vezes mencionada como dilúvio ou fleuma, e em seguida um líquido oleoso intenso. Este é chamado de óleo de vitríolo, hoje conhecido como ácido sulfúrico diluído. Embora o óleo de vitríolo denote uma substância específica, a palavra "vitríolo" foi expandida de modo a incluir outros ácidos retirados de outros sais minerais. Sal marinho ou sal amoníaco destilados produzem um Espírito ou Óleo de Sal (ácido clorídrico); o salitre produz um Espírito de Nitro (ácido nítrico); a aqua fortis (água forte) é destilada do salitre e do vitríolo; e a *Aqua Regia* é destilada de uma mistura de sal marinho ou de sal amoníaco e salitre.[57]

Esses ácidos minerais eram obtidos pela destilação de um sal ou de uma mistura de sais combinados com matéria inerte, como argila de oleiro ou argila fina dourada (bolo-armênio). Primeiro moldam-se bolinhas de sal e argila, que em seguida são colocadas numa retorta e aquecidas a fogo alto. O resultado é o espírito.

O trabalho com metais, num momento ou outro, envolve esses espíritos muito cáusticos e tóxicos, os quais são mencionados repetidas vezes. Recomendo que apenas pessoas com treinamento e equipamento adequados para lidar com ácidos ferventes e vaporosos façam a tentativa de destilar esses espíritos. Primeiro aperfeiçoe a sua técnica e trabalhe com plantas, vinho e água, para só depois pensar em dar o passo seguinte.

Esta gravura do *Museum Hermeticum Reformatum et Amplificatum*, do século XVII, representa a ideia "o que está em cima é como o que está embaixo". Vemos embaixo da Terra Apolo e as seis musas, cada um representando um dos planetas, isto é, os metais.

Obter o sal de um metal, o metal ou o óxido do metal significa colocá-lo dentro de um dos espíritos acima. O espírito dissolve o metal. Essa solução é então filtrada[58] e deixada para cristalizar. Quando a cristalização está completa, lave os cristais com água. Se o resultado for solúvel, filtre novamente e evapore. Se for insolúvel, lave, filtre e seque os cristais. Você agora tem os sais específicos do metal com que está trabalhando. Cada ácido forma seu próprio tipo de sal. Ácido acético produz acetatos. Ácido clorídrico produz cloretos. Ácido nítrico produz nitratos e nitritos. Ácido sulfúrico produz sulfatos. *Aqua Regia* tende a produzir cloretos por causa da presença de ácido clorídrico, um componente da *Aqua Regia*. Com esse sal, o praticante está agora pronto para começar o trabalho alquímico. A verdadeira alquimia está na preparação adequada do sal.

Vamos examinar um trabalho alquímico que pode ser feito com Vênus. O que é feito com Vênus também pode ser feito, com algumas modificações, com os outros metais. É bom trabalhar com Vênus por causa do nível relativamente baixo de toxicidade envolvido e também por causa da beleza dos resultados. Os sais de Vênus são principalmente verdes e azuis. O vitríolo azul é sulfato de cobre e ocorre naturalmente como vitríolo azul mineral. Ele é um mineral excelente com o qual é possível explorar as técnicas de cristalização. Pode-se aprender e compreender muitas coisas fazendo apenas isso. A malaquita, carbonato de cobre[59], é outro mineral excelente, de coloração e aparência muito semelhantes ao musgo. Quando bem triturado, ele forma um pigmento verde. A malaquita é muito usada em joalheria devido à sua beleza. Verdete, o "verde dos gregos", é um terceiro mineral. É acetato de cobre, uma ferrugem que se forma em placas de cobre quando são suspensas sobre vinagre. Quando seus cristais são grandes e brutos ele tem uma cor verde-escura que clareia e passa para azul quando são moídos.

O que faremos aqui é abrir o cobre e elevá-lo, por assim dizer, da condição de metal à de mineral, por intermédio do vegetal, tornando-o assim acessível ao reino animal, para talvez ser utilizado como remédio ou precursor de um remédio.

Podemos começar com o metal cobre[60] e imergi-lo em Óleo de Vitríolo, ácido sulfúrico diluído. Isso dissolverá o cobre, produzindo uma solução azul de sulfato de cobre, convertendo Vênus de metal em mineral. A mudança é muito dramática. Também podemos começar com o próprio vitríolo azul, uma vez que é mais fácil começar o trabalho com o mineral. Se você conseguir encontrá-lo como vitríolo azul mineral natural, essa é de longe a melhor maneira de trabalhar. Entretanto, esse é um daqueles casos em que você pode usar o sulfato de cobre químico para estudar o processo e a teoria enquanto continua procurando o vitríolo azul.

Dissolva vitríolo azul ou sulfato de cobre em água destilada quente, tanto quanto a água suportar. Prepare em separado uma solução de Sal de Tártaro com uma quantidade aproximadamente igual de Sal de Tártaro, que será dissolvida no mesmo volume de água necessário para a solução de sulfato de cobre. Então acrescente, pouco a pouco, a solução de sulfato de cobre na solução de tártaro, agitando constantemente. Um precipitado verde azulado aparece de imediato, formando uma massa com aparência de esponja. Esse é o pigmento verde do carbonato de cobre, a forma de malaquita desenvolvida pelo homem no século XV. Continue agitando e acrescentando a solução de cobre na solução de tártaro. Filtre e lave o precipitado até que o resultado seja neutro e mostre um pH de 7 numa tira de papel indicador de pH. Talvez sejam necessárias de quatro a seis lavagens. Quanto mais você esperar para lavar o filtrado, mais escuro o pigmento verde se tornará. Às vezes a temperatura também influencia na coloração final. A cor varia do verde ao azul. É muito fácil conseguir alguma forma de verde, mas fazê-lo formar o pigmento azul (azurita feita pelo homem) é muito complicado.

Agora passamos o cobre de mineral para o primeiro estágio do reino vegetal, por meio do seu sal, ao carbonato. Este pode ser utilizado como pigmento, ou podemos continuar com o trabalho. Acrescente lentamente vinagre destilado a esse pó verde azulado. Ele irá efervescer, pois o ácido reage com o carbonato, liberando rapidamente dióxido de carbono. Isso produzirá uma solução verde escura de verdete (acetato de cobre). Cristalize a solução para obter o verdete.

O verdete também pode ser obtido suspendendo placas de cobre acima de um recipiente com vinagre destilado morno.[61] Esse método abre o cobre diretamente ao reino animal. Entretanto, fazer verdete a partir do carbonato de cobre (malaquita) possibilita que se transfira o cobre do reino dos metais, passando pelo reino mineral, até finalmente entrar no reino vegetal. Nesse método, com cada salto e cristalização ou formação, o cobre se purifica e se abre cada vez mais. Esse método, mais do que transmutar o cobre, transfigura-o, criando um canal ao longo do qual as energias do cobre podem fluir do reino dos metais para o reino dos vegetais, tornando-o desse modo acessível ao reino animal.

Daqui em diante, com a teoria animada pela prática direta, você poderá perceber que, com o uso da malaquita natural e de um ácido acético de vinagre de vinho adequadamente preparado, é possível elaborar um verdete muito rico — isto é, um cobre energético vivo cujo corpo foi inteiramente aberto e está pronto para um novo trabalho.

CAPÍTULO QUINZE

O Aurum Potabile

*Preste atenção ao Coração, mantenha-o sobre as Rodas
porque o Sol é a Fonte da Vida e, portanto,
os Remédios Universais Aurum potabile e a Pedra Filosofal curam
todas as Doenças apenas fortalecendo o Coração.*[62]

— Nicholas Culpeper

O *aurum potabile* era outro dos grandes desafios enfrentados pelos alquimistas. O *aurum potabile* é uma forma líquida de ouro potável. Ele tem propriedades curativas muito poderosas que afetam o coração de uma pessoa, efetuando a cura a partir desse órgão. Há tantos *aurum potabiles* quantos são os alquimistas e os médicos. Não há tempo nem espaço neste volume para abordar a grande variedade de processos, mas o *aurum potabile* é uma área de exploração muito fértil.

Para produzir o *aurum potabile*, a primeira pergunta é: como se abre o ouro? Como se rompe sua casca e se libera sua essência, sua alma? Isso é o que foi tentado com o uso de ácidos minerais e orgânicos e outros solventes. O que realmente se obteve foi uma suspensão coloidal muito fina de ouro. Suspensões coloidais de ouro e de prata têm benefícios notáveis para a saúde. A prata, por exemplo, é um excelente antibacteriano. Foi usada como tal até a década de 1930, quando o desenvolvimento de outros agentes bacterianos mais orgânicos, como a penicilina, se tornaram a terapia preferida. Atualmente, nos casos em que a necessidade de eliminar bactérias é grande, a prata é administrada com agulhas intravenosas. Havia também o costume entre os primeiros colonizadores norte-americanos de colocar uma moeda de prata num cantil de água para ajudar a mantê-la fresca. O ouro coloidal é usado praticamente do mesmo modo.

De acordo com o trabalho real dos alquimistas, o *aurum potabile* é ouro coloidal. Mas este, na opinião de alguns alquimistas, não é *aurum potabile* alquímico "verdadeiro". O ouro não se abriu de fato e sua essência não foi realmente liberada. O ouro foi apenas dividido muitas vezes e traz em si mesmo, como já se observou, benefícios para a saúde, mas não é um *aurum potabile* verdadeiro.

O processo geralmente consiste em usar um solvente para dissolver e, espera-se, abrir o ouro. Solventes como *Aqua Regia* ou mercúrio metálico, da maneira como são aplicados em douração úmida, restringem-se a essa finalidade. Um meio é usado para extrair o ouro ou a alma do ouro para fora da matriz tóxica da solução, ou para suspendê-lo acima dela. Alguns processos usam outro meio, mais palatável, para servir de veículo a um ouro especificamente preparado para o consumo humano. Esse então é o *aurum potabile.*

CAPÍTULO DEZESSEIS

Opus Magnum

O *Opus Magnum* é a Grande Obra. Serei breve nos meus comentários sobre esse tópico por não ter eu mesmo tentado realizar essa obra. Sim, pratiquei alguns aspectos dela, mas não a obra propriamente dita. Apresentarei, porém, uma ideia rápida a respeito de dois métodos que parecem bem interessantes.

Eles ficaram conhecidos como a via úmida e a via seca.[63]

A via úmida trabalha com soluções e sais solúveis dos metais e foi descrita por Sir George Ripley em seu *Bosom Book of Sir George Ripley.* A via seca é o método usado e descrito por Nicolas Flamel, explicado claramente por Irineu Filaleto (Eirenaeus Philalethes) em seu *An Open Entrance to the Closed Palace of the King* e examinado com muita transparência e rigor intelectual tanto por Sir Robert Boyle como por Sir Isaac Newton.

O método apresentado por Sir George Ripley segue este esquema geral. Antimônio ou chumbo é preparado e em seguida transformado em sal acetato com vinagre destilado. Esse sal é então destilado a seco. Um vapor branco volátil surge e se condensa num líquido muito volátil. Este é o Mercúrio. A destilação continua e aparece um óleo avermelhado. Este é o Enxofre. O Sal fica para trás. O Sal é calcinado e purificado, e os outros princípios são juntados ao Sal. Então ele é fechado num frasco e aquecido. Isso passa por vários estágios, cujo resultado final é a Pedra Filosofal, capaz de transmutar metais básicos em ouro e curar todas as doenças.

No método desenvolvido por Irineu Filaleto, o antimônio representa novamente um papel fundamental, mas dessa vez na sua forma metálica. Régulo de antimônio é extraído da estibinita, um minério

Do *Museum Hermeticum Reformatum et Amplificatum*. 1678.

de antimônio, e purificado para formar um Régulo Estrelado. Este é então juntado ao cobre ou à prata para purificá-lo ainda mais e para transferir parte do seu caráter à "água" que é o antimônio, o qual, estando altamente purificado, é então utilizado para limpar o mercúrio comum e torná-lo filosófico. O Fermento do ouro é acrescentado a esse Mercúrio filosófico que é então selado num frasco espesso e aquecido. A matéria passa por várias mudanças de cor e de estado. Como no processo acima, o resultado final é a Pedra Filosofal, ou, mais precisamente, o pó de projeção vermelho, que é a forma sob a qual ela é utilizada na maioria das histórias de transmutação.

A realização dessa Grande Obra depende muito do alquimista e da preparação interior de cada indivíduo. Pouca coisa posso acrescentar, a não ser que você deve trabalhar dentro da tradição em que se sente mais à vontade, encontrar o coração esotérico dessa tradição e os pontos de contato que ela estabelece com a alquimia. Comece ali.

CAPÍTULO DEZESSETE

Uma Meditação de Despedida

Sobre a Transmutação

Com a sua mente firme e suavemente focalizada, divida a matéria segundo o sistema que lhe for mais conhecido, seja ele a física contemporânea ou os elementos dos gregos. Escolha um objeto e divida-o. Continue dividindo-o mentalmente até que se torne impossível prosseguir. Entre nesse espaço, descanse ali a sua mente e comece a explorar. Permanecendo ali, procure ao seu redor o objeto com o qual começou. Ele existe realmente? Depois de levar o objeto a uma situação em que ele se dividiu muitas e muitas vezes e se "perdeu", você chegou no ponto em que a transmutação se torna uma possibilidade. Essa é a primeira matéria?

"exeunt omnium in mysterium"[64]

Alguns Pensamentos Casuais e um Poema em Vez de uma Conclusão

O que apresentei é um esboço condensado muito breve do caminho alquímico. Muitos portões e caminhos secundários foram apontados e alguns nomes foram mencionados. Há muitas possibilidades para bons trabalhos. O caminho alquímico é um esforço extremamente exigente, mas frutífero, capaz de oferecer alguma coisa a todos — ao místico, ao estudioso, ao filósofo, ao artista, ao louco e, naturalmente, ao caro tolo. Este é o momento de reler e pegar alguns fios que o guiarão por esse labirinto. É importante que você examine o mundo com seus próprios olhos, verifique as coisas com sua própria experiência. Persista e siga a orientação *reza, lê, lê, lê, relê, trabalha, e descobrirás*. Esse é verdadeiramente o método da alquimia. Porém, mais importante para progredir no caminho da alquimia é sua motivação para persegui-la. Oriente-a para o benefício de outras pessoas, pois, se você a orientar para outras coisas, correrá o risco de perder-se totalmente.

Incluo aqui um fragmento de *Tarjuman al-ashwaq*, uma coletânea de odes místicas do grande teósofo islâmico ibn al-'Arabi, como exemplo de algo a se aspirar, algo necessário à Grande Obra:

> Ó maravilha! um jardim entre fogos!
> Meu coração é capaz de toda forma:
> Ele é pastagem para gazelas
> Convento para monges cristãos,
> Templo para ídolos e para os peregrinos à Caaba
> Mesas da Torá e do livro do Alcorão.
> Eu sigo a religião do Amor:
> Seja qual for o caminho que os camelos do Amor tomem,
> Essa é a minha religião e a minha fé.[65]

Não revelado nos livros, mas na prática.

APÊNDICE 1

Técnica e Equipamento

Segurança no Laboratório

Tudo é diversão e brincadeira até que alguém perde um olho.

— Mamãe

Duas regras gerais de segurança:

Conheça a teoria antes de tentar a prática.

Antes de iniciar qualquer experimento, é de suma importância saber muito bem o que vamos fazer, como planejamos fazê-lo e quais são os resultados que esperamos. Deve ser possível representar o experimento mentalmente do princípio ao fim. Essa prática não só redunda num laboratório mais seguro e numa operação mais eficiente como também fortalece e desenvolve a capacidade para visualizar e se concentrar.

Na dúvida, não faça.

Há um grau de risco em qualquer empreendimento experimental; isso faz parte da natureza do experimento. Mas a técnica experimental tem por propósito tanto oferecer um "caminho para" uma substância, situação ou evento desconhecidos como para minimizar os danos que possam estar envolvidos com os resultados do experimento ou deles advir.

Alguns pontos fundamentais sobre segurança:

1. Prepare-se muito bem antes de começar um experimento.
2. Conheça as propriedades das substâncias com as quais irá trabalhar. Uma fonte excelente para essas informações é *The Merck Index* ou *CRC of Chemistry and Physics.*
3. Jamais misture substâncias "apenas para ver o que acontece". Essa pode ser uma prática muito perigosa ou, no mínimo, um desperdício de material.
4. Use sempre óculos de segurança ou receitados para proteger os olhos; lentes de contato são inadequadas.
5. Use calçados apropriados e prenda os cabelos, caso sejam longos. Também é recomendável o uso de luvas quando houver manuseio de ácidos, bases ou substâncias tóxicas que possam impregnar a pele, como o antimônio.
6. Nunca coma, beba ou fume enquanto estiver trabalhando no laboratório.
7. Ao sentir cheiro de alguma coisa, não aproxime o nariz para cheirá-la; afaste os odores que se aproximam do nariz dispersando-os com a mão.
8. Ao diluir ácidos ou bases, essas substâncias devem ser sempre adicionadas à água. Isso reduz o risco de queima química por respingo.
9. Use uma toalha ao inserir materiais de vidro ou termômetros em rolhas ou tubos de borracha, ou ao retirá-los deles. Também use água para lubrificar a borracha.
10. Nunca aqueça líquidos inflamáveis com uma chama aberta, ou quando há uma chama aberta por perto.
11. Examine e reexamine todas as conexões de um aparelho.
12. Mantenha sempre à mão um extintor de incêndio carregado no laboratório ou no local de trabalho.
13. Tenha sempre uma fonte de água corrente fria disponível para o caso de queimaduras (químicas e por calor). Para lavar os olhos, é preferível água ligeiramente morna. Também é bom dispor de um estojo de primeiros socorros.

14. Tenha cuidado com vidros e anéis de metal quentes — às vezes, quer estejam quentes ou frios, eles têm a mesma aparência.
15. Preencha as etiquetas com clareza e com tinta indelével.
16. Conserve o laboratório ou o local de trabalho bem ventilado o tempo todo.
17. Não trabalhe quando estiver de mau humor, não se sentindo bem, etc. Procure não empurrar coisas quando sentir que está ficando fatigado. Meses de trabalho podem se perder numa questão de segundos por causa de um acidente insignificante.
18. Pense e use o seu bom senso.

No início do trabalho, como na preparação de tinturas espagíricas, várias dessas regras não são estritamente aplicáveis. Entretanto, é muito importante criar o hábito de seguir os procedimentos de segurança para que se tornem uma segunda natureza nossa e parte do nosso repertório experimental.

Equipamento

Esta é a lista básica do que é necessário; aumente-a à medida que for trabalhando.

Para destilação

Frascos
Adaptadores
Condensadores
Termômetro
Separador de óleo
Aludel
Pregadores
Suportes
Tubos de borracha
Fonte de calor elétrica

Fontes de calor

Sol
Adubo orgânico
Câmara incubadora
Chapa quente
Manta de aquecimento
Bico de gás
Fogão
Forno
Fogo aberto de carvão

Para calcinação

Béqueres
Panelas de aço inoxidável
Caçarolas de cerâmica
Telas
Cadinhos
Qualquer fonte de calor

Para medição

Balança — massa
Cilindros graduados — volume
Termômetros — temperatura
Hidrômetro — densidade de líquidos
Papel indicador de pH — acidez

Diversos

Funis
Papel-filtro
Almofariz e pilão
Bastões de vidro para agitar
Pregadores, suportes e outras ferramentas
Torneira reguladora de graxa de silicone
Utensílios variados
Diversos tipos de potes, jarras e garrafas de vidro
Produtos de limpeza

Segurança

Luvas
Extintor de incêndio
Protetor para os olhos
Lixeiras apropriadas
Estojo de primeiros socorros

Técnicas de Laboratório

Para obter mais informações sobre técnicas de laboratório, consulte um manual de laboratório de Química Orgânica.

Destilação

A vidraria utilizada na destilação e em outras aplicações consiste basicamente em dois tipos: a) vidraria que usa tubos de vidro, tampões de borracha e mangueiras de borracha para conexões; b) juntas de vidro, e quaisquer peças de vidro que se ajustem mutuamente com facilidade.

A fonte de calor deverá ser uma placa quente elétrica ou uma manta de aquecimento onde você está destilando álcool ou outras substâncias inflamáveis. Nunca use uma chama aberta nem trabalhe perto de uma chama aberta ao destilar substâncias inflamáveis.

Aparelhos de Destilação Simples

Equipamento com juntas cônicas de vidro esmerilhado

Frasco redondo para destilação
Adaptador de vácuo
Capitel de alambique
Frasco redondo inferior
Adaptador para termômetro
Pregadores
Suportes
Termômetro
Condensador e tubos
Fonte de calor

Equipamento de vidraria padrão

Tampões de borracha e tubos de vidro
Frasco de destilação e tampão de borracha com um orifício (para termômetro), ou frasco de destilação e tampão de borracha com dois orifícios (para termômetro e tubo de vidro curvo)
Termômetro
Frasco coletor
Fonte de calor
Condensador, tubos flexíveis de borracha e tampão de borracha com um orifício
Pregadores e suportes

Monte o aparelho como mostram as Figuras 6a, 6b ou 6c. O frasco destilador, o condensador e o adaptador de vácuo devem ficar presos nos suportes. Se usar juntas cônicas de vidro esmerilhado, passe um

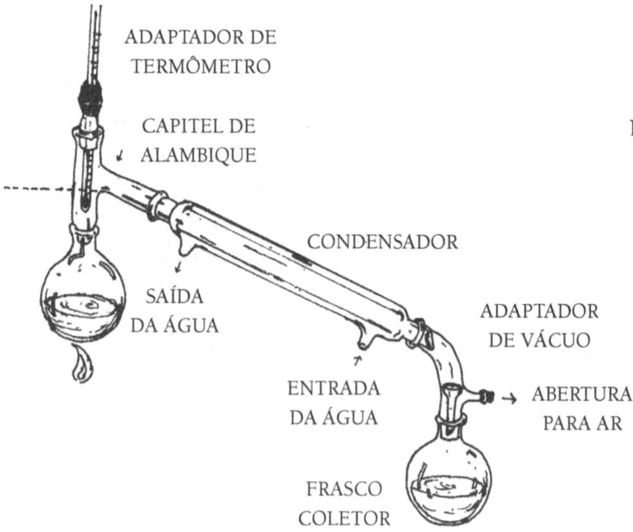

Figura 6a

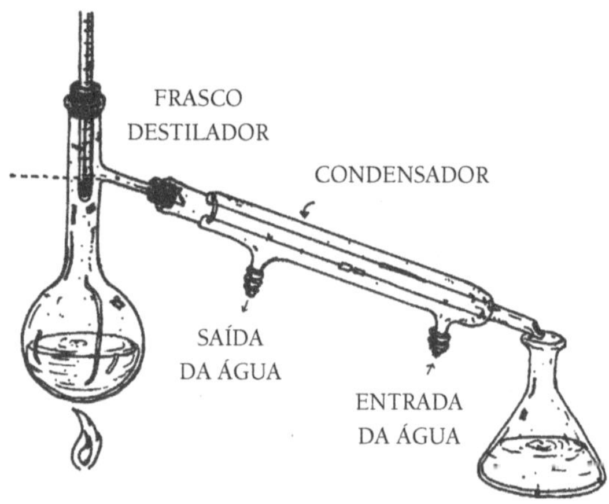

Figura 6b

pouco de graxa de vedação nessas juntas[66] antes de encaixar as partes. As juntas devem estar limpas, transparentes e sem bolhas. Devem ser examinadas de vez em quando para se verificar a firmeza do seu ajuste durante a destilação a fim de impedir perda de vapor. Encha o frasco somente até dois terços de sua capacidade. Se encher mais do que isso, o líquido poderá respingar no condensador. Mas se houver menos de dois terços, haverá vapor em excesso enchendo o frasco antes de ser forçado a passar para o condensador. Introduza o termômetro de modo que o bulbo ou a linha de imersão gravada no termômetro fique logo abaixo do braço lateral do capitel de alambique (ou do braço lateral do frasco destilador). O bulbo deve estar mergulhado no fluxo do vapor para que se possa ter uma leitura correta da temperatura. Conecte os dutos de água para que a água entre por baixo e saia por cima, a fim de que o condensador se encha de água. Coloque um ou dois fragmentos de porcelana porosa no líquido antes de esquentar — isso impedirá superaquecimento e "colisões". Não coloque os fragmentos depois de iniciar o aquecimento porque o líquido pode estar superaquecido e o acréscimo de um único fragmento pode fazer com que o líquido ferva todo de uma vez, provocando uma explosão ou, no mínimo, muita espuma. Sempre que você interromper a fervura, acrescente um novo fragmento de porcelana porosa. Quando o líquido atingir o ponto de ebulição, um anel de condensado subirá pelo aparelho. Quando ele entrar em contato com o termômetro, haverá uma rápida elevação da temperatura. O condensado então passará pelo condensador em direção ao coletor. Nesse ponto começa a destilação. Ajuste o calor de modo a obter um nível de vazão adequado — cerca de uma gota por

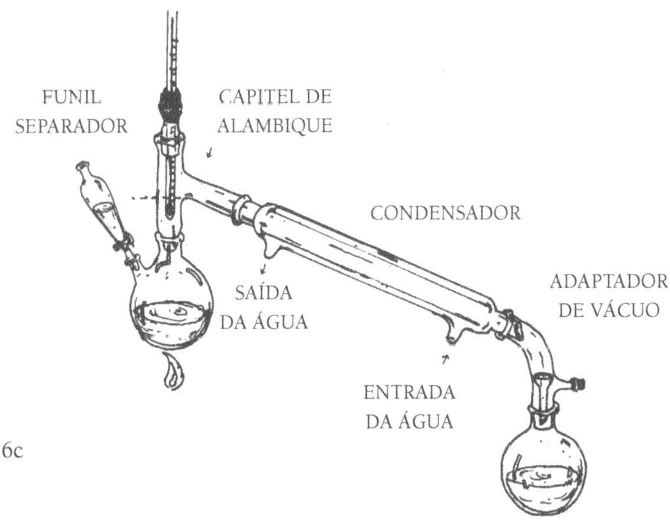

Figura 6c

segundo está bem. Com uma vazão muito intensa, o equilíbrio não se estabelecerá e a separação será insatisfatória. Com uma vazão muito lenta, a temperatura não se mantém por meio de um fluxo de vapor constante, e a leitura da temperatura de ebulição será muito baixa. Tradicionalmente, o intervalo de tempo entre duas gotas consecutivas era o necessário para recitar um *Pater noster*, a Oração do Senhor. Uma vez ajustada a temperatura, a destilação pode se processar. Fique atento à temperatura: ela indicará quando o componente seguinte da solução está para aparecer, pois nesse momento a temperatura passará a subir rapidamente. Mude os coletores. Então, continue a destilar, se necessário, ou comece a encerrar a destilação. Desligue a fonte de calor e deixe a água fria escorrer pelo condensador enquanto o sistema esfria. Quando ele estiver frio, feche a torneira interrompendo o fluxo da água e comece a desmontar o aparelho com cuidado.

Uma última observação: Nunca destile até a secura total, pois o resíduo seco pode explodir ou o frasco pode derreter ou quebrar, uma vez que o calor não está mais sendo consumido.

Destilação de Óleos Essenciais

Com os aparelhos acima pode-se destilar o óleo essencial de ervas secas. A única coisa necessária é uma maneira de reabastecer de água o frasco de destilação. Usando um balão de destilação de dois gargalos e anexando um funil separador, a água pode ser acrescentada durante a destilação sem interrompê-la.

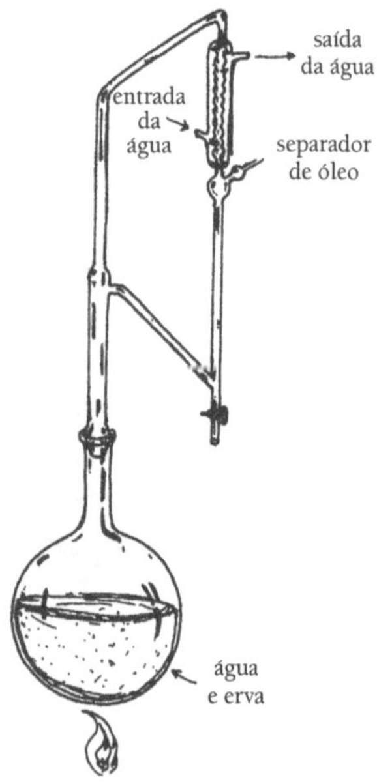

A água e a erva que serão destiladas são colocadas no frasco e maceradas durante alguns dias. Acrescenta-se mais água pouco antes da destilação para aumentar o volume até que ele atinja o seu nível anterior. Monta-se o aparelho. Liga-se a água fria e em seguida a fonte de calor. Logo que a erva e a solução começam a ferver, o vapor extrai o óleo essencial da planta. Uma boa maneira de coletá-lo é recolher a água e o óleo num funil separador. À medida que ele enche, drena-se a água por baixo, deixando o óleo para trás.

Como alternativa, pode-se usar um separador de óleo, que, por meio de um sistema de válvulas, faz com que a água volte ao frasco ou que o óleo seja drenado. Esse é um processo de separação muito fácil e conveniente.

APÊNDICE 2

Plantas e Planetas

O reino vegetal também está relacionado com os céus, cada planta tendo um regente planetário. Em geral, há três sistemas básicos usados para se determinar a regência planetária. Podemos denominá-los mítico, funcional e doutrina das assinaturas.

O Mítico: as plantas consideradas em sua relação com os deuses da mitologia grega e romana, e com o folclore.

O Funcional: os efeitos que as plantas têm sobre o corpo e a regência planetária sobre a parte do corpo afetada.

A Doutrina das Assinaturas: a forma, a cor e/ou o hábitat da planta de acordo com sua relação com os planetas.

As tabelas de regência a seguir, extraídas de Nicholas Culpeper e William Lilly (1602-1681), não devem ser seguidas servilmente, mas com discernimento e consideração pela utilização básica da planta.

SATURNO

NOME	NOME LATINO
Amaranto	*Amaranthus hypochondriacas*
Angélica	*Angelica archangelica*
Sabugueiro-negro	*Sambucus nigra*
Ameixeira-brava, abrunheiro, Ameixeira branca	*Prunus spinosa*
Buxo	*Buxus sempervirens*
Escambroeiro Sanguinheiro	*Rhamnus catharticus*
Amieiro-negro	*Rhamnus frangula*
Milho	*Zea mays*
Centáurea, Centáurea azul, escovinha	*Centaurea cyanus*
Cipreste	*Cypressus*
Fenogrego, Pé de pássaro	*Foenum graecum*
Linho	*Linum usitatissimum*
Cânhamo	*Cannabis sativa*
Cavalinha	*Equisetum arvense*
Mandrágora	*Mandragora officinarum*
Erva-moura, Dulcamara	*Solanum dulcamara*
Erva-moura, Negra	*Solanum nigrum*
Beladona	*Atropa belladona*
Marmeleiro	*Cydonia vulgaris*
Selo-de-Salomão	*Polygonatum multiflorum*
Gualtéria	*Gaultheria procumbens*
Isatis	*Isatis tinctoria*
Teixo	*Taxus baccata*

JÚPITER

NOME	NOME LATINO
Arnica	*Arnica Montana*
Freixo	*Fraxinus excelsior*
Erva-cidreira	*Melissa officinalis*
Betônica, Madeira	*Betonica officinalis*
Arando	*Vaccinum myrtillus*
Borragem	*Borago officinalis*
Confrei	*Symphytum officinale*
Dente-de-leão	*Taraxacum officinalis*
Labaçol, Amarelo	*Rumex crispus*
Figueira	*Figus carica*
Linho	*Linum usitatissimum*
Ginseng	*Panax ginseng*
Hissopo	*Hyssopus officinale*
Jasmim	*Jasminum officinale*
Figueira-brava	*Datura stramonium*
Junípero	*Juniperus communis*
Loureiro, Louro	*Laurus nobilis*
Visgo	*Viscum album*
Verbasco, Branco	*Verbasum thapisforme*
Mirra	*Commiphora myrrha*
Carvalho	*Quercus robur*
Aveia	*Avena sativa*
Oliveira	*Olea europaea*
Orégano	*Origanum vulgare*
Salva	*Salvia officinalis*

MARTE

NOME	NOME LATINO
Aloé	*Aloe spp*
Uva-espim	*Berberis vulgaris*
Basílico	*Ociniam basilicum*
Buxo	*Buxus sempervirens*
Briônia, Vermelha	*Bryonia dioica*
Ranúnculo	*Ranuculus bulbosus*
Gataria	*Nepeta cataria*
Caiena, Pimentas	*Capisicum frutescens*
Cebolinha	*Allium schoenoprasum*
Coentro	*Coriandrum sativum*
Sabugueiro anão	*Sambucus ebulus*
Linho, Linhaça	*Linum usitatissimum*
Alho	*Allium sativum*
Pilriteiro	*Crataegus oxyacanthus*
Madressilva	*Lonicera caprifolium*
Flores secas de lúpulo	*Humulus lupulus*
Rábano-bastardo	*Arnoracia lapathefolis*
Garança	*Rubia tinctoum*
Mostarda-preta	*Brassica nigra*
Mostarda, todas	*Sinapsis*
Urtiga	*Uratica dioica*
Carvalho	*Quercus robur*
Cebola	*Allium cepa*
Salsa-crespa	*Petroselinum crispum*
Rabanete	*Raphanus sativus*
Cardo	*Cirsium spp*
Tabaco	*Nicotiana tabacum*
Alface-brava-maior	*Lactuca virosa*

SOL

NOME	NOME LATINO
Cálamo	*Calamus aromaticus*
Cedro	*Cedrus deodara, Cedrus libani*
Quelidônio	*Chelidonium majus*
Centáurea-menor	*Centaurium cyanus, Erythrea centaurium*
Camomila-romana	*Anthemis nobilis, Matricaria chamomile*
Camomila-dos-alemães	*Matricaria chamomilla*
Cinamomo	*Cinnamonum ceylanicum*
Ênula-campana	*Inula helenium*
Eufrásia	*Euphrasia officinalis*
Olíbano	*Boswellia sacra*
Gengibre	*Zingiber officinale*
Videira	*Vitis vinifera*
Junípero	*Juniperus communis*
Loureiro	*Laurus nobilis*
Erva-cidreira, melissa	*Melissa officinalis*
Calêndula	*Calendula officinalis*
Visgo	*Viscum album*
Maracujá	*Passiflora incarnata*
Peônia	*Paeonia officinalis*
Fúnquia	*Plantago major*
Rosa, Boticário	*Rosa gallica officinalis*
Alecrim	*Rosemarius officinalis*
Arruda	*Ruta graveolens*
Açafrão	*Crocus sativus*
Hipericão	*Hypericum perforatum*
Drósera	*Drosera rotundifolia*
Girassol	*Helianthus anuus*

VÊNUS

NOME	NOME LATINO
Amêndoa	*Prunus dulcis*
Bétula	*Betula alba*
Amora-preta	*Rubus villosus*
Eupatório	*Eupatorium perfoliatum*
Amieiro-negro Sanguinheiro	*Rhamnus frangula*
Buglosa, Língua-de-vaca	*Anchusa officinalis*
Bardana	*Arctium lappa*
Gataria	*Nepeta cataria*
Sabugueiro	*Sambucus nigra*
Matricária	*Chrysanthenum parthenium*
Escrofulária	*Scrophularia nodosa*
Dedaleira	*Digitalis purpurea*
Alquemila	*Alchimilla vulgaria*
Malvaísco	*Althea officinalis*
Hortelã, menta	*Mentae spp.*
Artemísia	*Artemisia vulgaris*
Rosa	*Rosa damascena*
Sanícula	*Sanicula, spp.*
Tomilho	*Thymus vulgaris*
Valeriana	*Valeriana officinalis*
Verbena	*Verbena officinalis*
Violeta	*Viola odorata*
Milefólio	*Alchilea millefolium*

MERCÚRIO

NOME	NOME LATINO
Briônia	*Bryonia alba*
Poejo	*Calamintha officinalis ou arvenis*
Alcaravia	*Carum carvi*
Cenoura	*Daucus carota*
Aipo	*Apium graveolens*
Cubeba	*Piper cubeba*
Aneto	*Anethum graveolens*
Ênula-campana	*Inula hellenium*
Endívia	*Chicorium Endiva*
Funcho	*Foeniculum vulgare*
Feno-grego	*Trigonella foenum-grecum*
Linho	*Linum usitatissimum*
Dedaleira	*Digitalis purpurea*
Avelã	*Corylus, spp.*
Madressilva	*Lonicera caprifolium*
Lavanda	*Lavendula officinalis ou vera*
Alcaçuz	*Glycyrrhiza glabra*
Manjerona, Doce	*Majorana hortensis*
Amora, Branca e Preta	*Morus, spp. Alba et nigra*
Murta	*Myrtus communis*
Aveia	*Avena sativa*
Orégano	*Origanum vulgare*
Salsa	*Petroselinum hortense*
Segurelha	*Satureia hortensis*
Valeriana	*Valeriana officinalis*
Verbena	*Verbena simplex*
Absinto, losna	*Artemisia absinthium*

LUA

NOME	NOME LATINO
Acanto	*Acanthus mollis*
Ofioglosso	*Erthronium americanum*
Escleréia	*Salvia sclarea*
Pega-pega	*Galium aparine*
Margarida-dos-campos	*Bellis perennis*
Hissopo	*Hyssopus officinalis*
Íris, var	*Iris var.*
Alface, comum	*Lactuca sativa*
Limeira ou Tília	*Tilia cordata*
Mandrágora	*Mandragora officinalis*
Cogumelos	
Murta, Pervinca	*Vinca minor*
Noz-moscada	*Myristica fragans*
Papoula, milho	*Papaver rhoeas*
Papoula, ópio	*Papaver somniferum*
Abóbora-moranga	*Cucurbita Pepo*
Sassafrás	*Sassafras albidum*
Saxifraga	*Saxifraga tridactyles*
Cúrcuma	*Curcuma longa*
Verônica	*Veronica officinalis*
Nenúfar	*Nymphaea alba*
Agrião	*Nasturtium officinalis*
Lírio-branco	*Lilium candidum ou album*
Salgueiro	*Salix. Alba, nigra, caprea*

BIBLIOGRAFIA

Segue uma breve relação de textos úteis para os que querem aprofundar-se no trabalho. Muitas fontes primárias estão hoje disponíveis na Internet, e uma simples busca pelo nome do autor ou pelo título da obra resultará em recursos de grande proveito. Recomendo enfaticamente o Alchemy Website *www.levity.com/alchemy/home.html*. Ele contém muitas informações e fontes primárias.

História

al-Hasan, Ahmad. *Islamic Technology*. 1986. Cambridge University Press. Londres.

Burckhardt, Titus. *Alchemy: Science of the Cosmos, Science of the Soul*. 1967. Stuart & Watkins. Londres.

Dobbs, Betty Jo Teeter. *The Foundations of Newton's Alchemy*. 1983. Cambridge University Press. Cambridge.

Eliade, Mircea. *The Forge and the Crucible*. 1978. Trad. Stephen Corrin. University of Chicago Press. Chicago.

____. *Yoga: Immortality and Freedom*. 1958. Bollingen Foundation, Pantheon Books. Nova York.

Florensky, Pavel. *Iconostasis*. 2000. Trad. Donald Sheehan e Olga Andrejev. St. Vladimir's Seminary Press. Nova York

Hartmann, Franz. *The Life of Philippus Theophrastus, Bombast of Hohenheim*. 1887. G. Redway. Londres.

Holmyard, E. J. *Alchemy*. 1957. Penguin Books. Inglaterra.

Klossowski de Rola, Stanislas. *The Golden Game*. 1996. Thames and Hudson. Nova York.

Lindsay, Jack. *The Origins of Alchemy in Graeco-Roman Egypt*. 1970. Fredrick Muller Ltd. Londres.

Roob, Alexander. *Alchemy and Mysticism*. 2001. Taschen. Cologne.

Sendler, Egon. *The Icon, Image of the Invisible*. 1988. Trad. Fr. Steven Bigham. Oakwood Publications. Califórnia.

Wasserman, James. *Art and Symbols of the Occult*. 1993. edição revista e ampliada reintitulada *The Mystery Traditions*. 2005. Destiny Books. Vermont.

Yates, Frances A. *The Art of Memory*. 1966. University of Chicago Press. Chicago.

Alquimia

Agrippa, Henry Cornelius. *The Books of Occult Philosophy. Book II*. 1998. Ed. Donald Tyson. Llewellyn Publications. Minnesota.

Albertus, Frater. 1975. *The Alchemist's Handbook*. 1974. Samuel Weiser, Inc. Nova York.

Albertus Magnus. *The Compound of Compounds*. 2003. Trad. Luc Villeneuve. Hermetic Research Series Nº 14. Glasgow.

____. *Libellus de alchimia*. 1958. Trad. Sister Virginia Heines, S.C.N. University of California Press.

Allen, Paul M. *A Christian Rosenkreutz Anthology*. 1974. Rudolph Steiner Publications. Nova York

Ashmole, Elias. *Theatrum chemicum Britannicum*. 1968. Georg Olms Verlagsbuchhandlung. Hildesheim.

Barbault, Armand. *Gold of a Thousand Mornings*. 1975. Neville Spearman. Londres.

Bernus, Alexander von. *Médecine et alchimie*. 1977. Belfond. Paris.

Boehme, Jacob. *The Signature of All Things*. 1969. James Clarke & Co. Cambridge.

Boyle, Robert. The Work Diary of Robert Boyle. 1655. Publicado em *www.bbk.ac.uk/boyle/workdiaries/*

Cockren, Archibald. *Alchemy Rediscovered and Restored*. 1941. David McKay Co. Filadélfia.

Collectanea Chemica. 1963. Vincent Stuart Publishers. Londres.

Flamel, Nicolas. *Nicholas Flamel: His Exposition of the Hieroglyphical Figures*. 1994. Garland Publishing, Inc. Nova York.

French, John. *The Art of Distillation*. 1651. Richard Cotes. Londres.

Geber. *The Alchemical Works of Geber*. 1994. Trad. Richard Russel. Samuel Weiser, Inc. Maine.

Glaser, Christophe. *The Complete Chemist*. 1677. Reeditado por Kessinger Publishing Co. Montana.

Helmont, Johann van. *Ortus Medicinae*. 1952. Amsterdã.

Hermetic Museum, The. Two volumes in one. 1999. Organizado e trad. por A. E. Waite. Samuel Weiser, Inc. Maine.

Jacobi, Jolande. *Paracelsus*. 1979. Princeton University Press. New Jersey.

Jong, H. M. E. de. *Michael Maier's Atalanta Fugiens*. 2002. Nicolas-Hays, Inc. Maine.

Junius, Manfred M. *Practical Handbook of Plant Alchemy*. 1985. Inner Traditions International. Nova York.

Maier, Michael. *Atalanta fugiens*. 1618. 1964 reeditado Im Barenreiter Verlag Kassel und Basel.

Morienus. *The Book of the Composition of Alchemy.* 2002. Hermetic Research Series Nº 10. Glasgow. Tradução inglesa do século 17 do *Liber de compositione alchimiae.* Tradução da *The Epistle of Maryanus, the Hermit and Philosopher to Prince Khalid ibn Yazid.*

____. *A Testament of Alchemy.* 1974. Trad. Lee Stavenhagen. Brandeis University Press. Tradução da *The Epistle of Maryanus, the Hermit and Philosopher to Prince Khalid ibn Yazid.*

Pancaldi, Augusto. *Alchimia Pratica.* 1997. Atanor. Roma.

Paracelsus. *The Hermetic and Alchemical Writings of Aureolus Philippus Theophrastus Bombasts, of Hohenheim, called Paracelsus the Great. 2 Vols.* 1967. Organizado e trad. por A. E. Waite. University Books Inc. Nova York.

Pernety, Antoine-Joseph. *Dictionnaire Mytho-Hermetique.* 1758. 1980 reeditado. Arche Milano, Paris.

Petrus of Ferrara Bonus. *The New Pearl of Great Price.* 1974. Arno Press. Nova York.

Philalethes, Eirenaeus. *Alchemical Works: Eirenaeus Philalethes Compiled.* 1994. Organizado por S. Merrow Broddle. Cinnabar. Colorado.

Ripley, George. *The Compound of Alchymy.* 1977. Walter J. Johnson, Inc. New Jersey.

Ruland, Martin. *A Lexicon of Alchemy.* 1984. Trad. A. E. Waite. Samuel Weiser, Inc. Maine.

Trismosin, Salomon. *Splendor Solis.* 1991. Trad. Joscelyn Godwin. Phanes Press Michigan.

Urbigerus, Baro. *Circulatum minus Urbigeranum.* 1690. 1973 reedição. Golden Manuscripts Para Publishing Co. Inc. Salt Lake City, Utah.

Valentine, Basil. *Last Will and Testament.* 1993. English Grand Lodge AMORC. Califórnia.

____. *The Triumphal Chariot of Antimony.* 1962. Vincent Stuart Ltd. Londres.

Weidenfeld, Johannes Segerus. *Concerning the Secrets of the Adepts.* 1694. Reeditado por Kessinger Publishing. Montana.

Zosimos. *Les Alchimistes Grecs. Zosime de Panopolis.* 1995. Org. e trad. Por Michele Mertens. Les Belles Lettres. Paris.

Astrologia

Barton, Tamsyn. *Ancient Astrology.* 1995. Routledge, Nova York.

Lilly, William. *Christian Astrology.* 2005. Org. David R. Roell. Astrology Classics. Maryland.

Lineman, Rose e Jan Popelka. *Compendium of Astrology.* 1984. Whitford Press. Pensilvânia.

Michelsen, Neil F. *The American Ephemeris for the 21st century 2000 to 2050*. 2001. ACS Publications, Califórnia.

Ptolemy. *Tetrabiblos*. 1994. Trad. F. E. Robbins. Loeb Classical Library. Harvard University Press.

Simotta, George. *A Theater of The Planetary Houres For All Dayes of the Year. 1631*. 1971 Reeditado por Da Capo Press. Nova York.

Medicina

Avicenna. *The Canon of Medicine*. 1999. Adaptado por Laleh Bakhtiar. Great Books of the Islamic World. Chicago.

Culpeper, Nicholas. *Culpeper's Complete Herbal*. [1923]. Foulsham & Co. Londres.

Green, James. *The Herbal Medicine-Maker's Handbook*. 2000. Crossing Press. Califórnia.

Grieve, Mrs. M. *A Modern Herbal*. 1998. Cresset Press. Twickenham.

Tobyn, Graeme. *Culpeper's Medicine: A Practice of Western Holistic Medicine*. 1977. Element Books. Grã-Bretanha.

Filosofia e Teologia

Aristotle. *De Generatione et Corruptione*. 1982. Trad. com notas de C. J. F. Williams. Clarendon Press. Oxford.

____. *Metaphysics*. 1960. Trad. Richard Hope. University of Michigan Press.

____. *Meteorology*. 1987. Trad. H. D.P. Lee. Loeb Classical Library, Harvard University Press.

____. *On The Heavens*. 2000. Trad. W. K. C. Gutherie. Loeb Classical Library, Harvard University Press.

____. *Physics*. 1999. Trad. Robin Waterfield. Oxford University Press. Oxford.

Bobik, Joseph. *Aquinas on Matter and Form and the Elements. A Translation and Interpretation of the* De Principiis Naturae *and the* De Mixtione Elementorum *of St. Thomas Aquinas*. 1998. University of Notre Dame Press, Indiana.

Guthrie, W. K. C. *A History of Greek Philosophy. The Presocratic Tradition from Parmenides to Democritus*. 2000. Cambridge University Press. Cambridge.

Heisenberg, Werner. *Physics and Philosophy: The Revolution in Modern Science*. 1962. Harper and Row. Nova York.

Nag Hammadi Library, The. 1990. Org. James M. Robinson. Harper. San Francisco.

Nasr, Seyyed Hossein. *An Introduction to Islamic Cosmological Doctrines*. 1993. SUNY Press. Albany.

Nikodimos, St.: St. Makarios. *The Philokalia.* 1983. Trad. G. E. H. Palmer, Philip Sherrard, Kallistos Ware. Faber and Faber. Londres.

Plato. *Timaeus and Critias.* Trad. Desmond Lee. 1977. Penguin Books. Nova York.

Pseudo-Dionysus. *Pseudo-Dionysus. The Complete Works.* 1987. Trad. Colm Luibheid. Paulist Press. The Mystical Theology.

Schimmel, Annemarie. *Mystical Dimensions of Islam.* 1975. University of North Carolina Press. Chapel Hill.

van den Broek, Roelof e Wouter J. Hanegraaff. *Gnosis and Hermeticism from Antiquity to Modern Times.* 1998. State University of New York Press. Nova York.

Wallace, B. Alan. *Choosing Reality.* 1996. Snow Lion Publications. Ithaca, NY.

Wright, M. R. *Cosmology in Antiquity.* 1996. Routledge. Londres e Nova York.

Manuais Técnicos e Referências

CRC Handbook of Chemistry and Physics. [s.d.] CRC Press. Cleveland.

Encyclopaedia Britannica, Vol. 2, 1771.

Fessenden, Ralph J. Joan S. Fessenden e Patty Feist. *Organic Laboratory Techniques.* 2000. Brooks/Cole. Califórnia.

The Merck Index. [s.d.]. Merck. Rahway, NJ.

Merrifield, Mary P. *Medieval and Renaissance Treatises on the Arts of Painting.* 1999. Dover Publications. Nova York.

Theophilus. *On Divers Arts.* 1979. Trad. John Hawthorne e Cyril Stanley Smith. Dover Publications. Nova York.

NOTAS

1. A alquimia e a iconografia têm origens semelhantes. Ambas as práticas têm raízes no Egito (cerca de 500 a.C.) e foram desenvolvidas e praticadas por gregos cristianizados em Alexandria. Os ícones eram inicialmente pinturas nos sarcófagos, isto é, retratos do morto pintados na própria urna funerária. Ícones escritos se desenvolveram a partir daí. No entanto, em vez de retratos idealizados do falecido, temos representações simbólicas idealizadas de Jesus, da Sagrada Família, de santos, de anjos e de relatos da Bíblia.

   Os materiais usados em iconografia são uma base de madeira, tecido, mármore, gesso, têmpera e pigmentos minerais. O processo de pintura é feito por estágios, começando com uma área vazia em branco. A imagem é construída, camada por camada, primeiro no caos e, em seguida, com o uso de pigmentos cada vez mais claros, desse caos surge uma forma. O ícone acabado é então consagrado e usado como objeto de oração e meditação. O processo incorpora revelação e ascensão à luz.
2. Gnose, termo derivado do grego *gnosis*, que significa "conhecimento", é uma crença segundo a qual o conhecimento direto de Deus, ou a união com Ele, é possível.
3. Basílio Valentim. *The Triumphal Chariot of Antimony*. 1962. Vincent Stuart Ltd. p. 12.
4. Alberto Magno. *Libellus de alchimia*. Trad. por Sister Virginia Heines. University of California Press. 1958. p. 1.
5. *The Alchemical Works of Geber.* 1994. Trad. por Richard Russell. Samuel Weiser. p. 4.
6. Jolande Jacobi. *Paracelsus*. 1979. Princeton University Press. p. 141.
7. Pernety, Antoine-Joseph. *Dictionnaire Mytho-Hermetique*. 1758. Reeditado em 1980. Arche, Milão, Paris. p. 17. "L' Alchymie est une science, et l'art de faire une poudre fermentative, qui transmue les metaux imparfaits en or, et qui sert de remede universal a tous les maux naturels des hommes, des animaux et des plantes."
8. Frater Albertus. *The Alchemist's Handbook*. 1974. Samuel Weiser, Inc. p. 14.
9. Jolande Jacobi. *Paracelsus*. p. 143.
10. Khalid ibn Yazid ibn Mu'awiya (cerca de 668-cerca de 704 ou 708) era filho do segundo califa Ummayyad, Yazid I.
11. Aristóteles. *Metaphysics*. Book V, Part 4. Trad. por W. D. Ross.

12. Werner Heisenberg. *Physics and Philosophy: The Revolution in Modern Science.* 1962. Harper & Row. p. 58.
13. Platão. *Timeu 55.* A teoria platônica dos elementos foi extraída dos pitagóricos. No *Timeu*, Platão descreve a correspondência entre os quatro elementos e os cinco sólidos geométricos regulares, que agora levam seu nome, os Sólidos Platônicos. O triângulo é o componente fundamental desses sólidos, que são: o Tetraedro — Fogo, constituído de três triângulos; o Octaedro — Ar, de oito triângulos; o Icosaedro — Água, de vinte triângulos; o Cubo — Terra, formado por seis quadrados ou doze ou por 24 triângulos (pois cada quadrado pode ser subdividido em dois ou quatro triângulos); e o Dodecaedro — Espaço ou Quintessência, feito de 60 triângulos.
14. Platão teve inicialmente peso maior no início da Idade Média, mas foi rapidamente suplantado por Aristóteles. As obras de Aristóteles sobre os fenômenos naturais de nosso cosmos foram especialmente importantes. A influência de Platão voltou a predominar no século XVI com a tradução para o latim dos neoplatônicos da antiguidade tardia. Esse fato, acompanhado da tradução do *Corpus Hermeticum*, deu uma nova dimensão à alquimia.
15. Avicena. *Canon of Medicine.* 1999. Adaptado por Laleh Bakhtiar. *Great Books of the Islamic World.* p. 16.
16. Avicena. *Canon of Medicine.* p. 16.
17. Avicena. *Canon of Medicine.* p. 15.
18. Avicena. *Canon of Medicine.* p. 15.
19. Aristóteles. *Meteorology.* Book III, Part 5. Trad. E. W. Weber.
20. Alberto Magno. *Libellus de alchimia.* pp.8-9.
21. Paracelso. *Samtliche Werke* 3, 42s. De Mineralibus (Sobre os Minerais).
22. Antoine Joseph Pernety. *Dictionnaire Mytho-Hermetique.* p. 17. Alguém poderia argumentar que ao operar com forças nucleares, na verdade estamos trabalhando nos moldes da natureza; as mesmas forças estão em ação aqui como estão nas estrelas, a fonte, segundo a cosmologia e a física contemporâneas, dos nossos elementos.
23. Atualmente, o primeiro ponto de Áries localiza-se a 24° de Peixes e se movimenta a uma razão de 50,3 segundos de arco por ano. Isso se deve ao fato de que a Terra, além da sua rotação em torno de seu eixo, tem outro movimento em que o próprio eixo gira muito lentamente, descrevendo uma superfície cônica, à semelhança de um pião. Ela completa um ciclo inteiro em aproximadamente 25.800 anos, movimentando-se ao longo de um signo do Zodíaco durante cerca de 2.150 anos. Esse movimento é conhecido como precessão dos equinócios. O primeiro ponto de Áries logo se alinhará com a constelação de Aquário, terminando a Era de Peixes e trazendo o alvorecer da Era de Aquário.

24. Pseudo-Dionysus. *Pseudo-Dionysus. The Complete Works*. 1987. Trad. Colm Luibheid. Paulist Press. The Mystical Theology. p. 135.
25. Henry Cornelius Agrippa. *The Books of Occult Philosophy. Book II*. 1998. Org. Donald Tyson. Llewellyn Publications. p. 371.
26. Evangelho de Tomé. *The Nag Hammadi Library* 37. Org. James M. Robinson. Harper. pp. 20-35.
27. Nicolas Flamel. 1624. *Nicholas Flamel: His Exposition of the Hieroglyphical Figures*. Trad. por Eirenaeus Orandus. Londres. p. 10.
28. Isso inclui o sentido de "vertido para a terra", isto é, o poder derrama-se sobre a terra e a penetra.
29. O sentido aqui é de intelecto absoluto e mente superior, e não apenas de manipulação astuciosa.
30. Alberto Magno. *Compound of Compounds*. 2003. Hermetic Research Series Nº 14. Trad. Luc Villeneuve. p. 8.
31. Também se deve considerar o papel das impurezas no processo.
32. Nome derivado de sua inventora, a alquimista Maria, a Profetisa, ou Maria, a Judia, século III d.C.
33. Paracelso. *The Hermetic and Alchemical Writings of Paracelsus*. 1967. University Books. Vol. 1. p. 92.
34. Pode ser obtido numa loja de suprimentos para fabricação de vinho.
35. Usa-se um hidrômetro para determinar a concentração. Esse é um instrumento muito simples, parecido com um pequeno termômetro com uma escala de densidades na lateral. Quando imerso numa solução, ele afunda até um certo nível, podendo-se então ler a densidade do líquido na escala. Quando esse número é comparado com os valores de uma tabela de compostos, como álcool ou ácido acético, determina-se a concentração como porcentagem.
36. Também obtida numa loja de produtos para fabricação de vinho.
37. De 29°C a 32°C, a transformação demora de quatro a seis semanas; acima de 60°C, as bactérias do vinagre morrem.
38. O tártaro em estado natural está se tornando cada vez mais difícil de encontrar em decorrência do uso de tecnologias de limpeza automatizada com água sob pressão para remover resíduos nos tanques de fermentação.
39. Outro método para testar a concentração consiste em suspender um pedaço de mármore num volume conhecido do vinagre a ser testado. Quando a reação terminar e o vinagre perder o sabor ácido, lave, seque e pese o pedaço de mármore. Subtraia o peso final do mármore do peso inicial. A quantidade de ácido acético puro na solução é igual a 5/6 do peso do mármore perdido na reação.
40. "Gur" é uma essência, e, como foi extraída da água, uma substância universal; ela é uma essência universal.

41. Em *Parachemy*, primavera de 1977, vol. V, Nº 2, p. 433, os resultados de um experimento com o Archaeus da Água registraram que ele era ligeiramente ácido, com um pH de 4,8. O pH final diferia de um pH 5 inicial da água da chuva.
42. Robert Boyle. *The Work Diary of Robert Boyle*. 1655. BP 8 fol. 147, Item 90.
43. Basílio Valentim. *The Triumphal Chariot of Antimony*. p. 97.
44. John French. *The Art of Distillation*. 1651. Londres. Livro 1. p. 31.
45. Franz Hartmann. *The Life of Philippus Theophrastus, Bombast of Hohenheim*. 1887. G. Redway. Londres. p. 210.
46. Johann van Helmont. *Ortus Medicinae*. p. 346.
47. Stirke é George Starkey, que escreveu com o pseudônimo de Eireneaus Philalethes. Eireneaus Philalethes, considerado um dos maiores adeptos alquímicos, foi professor de Sir Robert Boyle, um dos pais da química moderna.
48. Para destilar até secar bem, você deve baixar cuidadosamente o calor à medida que o líquido diminui. E à medida que a massa se aproximar do estado sólido ela deverá ser mantida a uma temperatura morna para acelerar o secamento. O importante é não queimá-la.
49. Barão Urbigerus. *Circulatum minus Urbigeranum*. 1690. Reeditado em 1973. Golden Manuscripts Para Publishing Co. Inc. p. 36.
50. Resinas são as secreções insolúveis das árvores; os bálsamos podem ser obtidos a partir dessas resinas.
51. Conhecido também como *pinus maritime*.
52. O óleo essencial da planta é "enfraquecido" durante a destilação comercial; por isso, a resina é usada para aumentar a força do óleo. Provavelmente, o que está acontecendo é o fato de que a resina está fornecendo os ácidos que foram perdidos na destilação do óleo essencial.
53. Para fazer uma Pedra, vede o *circulatum* num frasco e coloque-o para digerir. Comece com uma temperatura baixa (40°C) e aumente o calor lentamente durante um mês filosófico (isto é, 40 dias).
54. *The Hermetic and Alchemical Writings of Paracelsus*. Vol. 1. p. 125.
55. John French. *The Art of Distillation*. p. 193.
56. Os vitríolos são também conhecidos como "atramentos", do latim *atramentum*, que significa líquido preto para sapato, indicando sua aplicação no tingimento de couro.
57. Alternativamente, três partes de Espírito de Sal e uma parte de Espírito de Salitre também podem ser misturadas para produzir *Aqua Regia*.
58. A solução precisa estar perto do ponto neutro antes de ser filtrada. Se ela estiver ácida, continue aquecendo para evaporar a solução e o excesso de ácido. À medida que o volume diminui, continue acrescentando água fresca destilada para manter o volume original. Continue fazendo isso até que a solução se aproxime do ponto neutro. O teste pode ser feito com papel indicador de pH.

59. Azurita é outro carbonato de cobre, mas, como indica seu nome, tem de cor azul intensa.
60. O cobre é um dos metais que pode ser encontrado na sua forma metálica pura e é em geral chamado de "cobre nativo".
61. Outro método para preparar verdete é usar cobre nativo e ácido acético. Ao suspender folhas de cobre em ácido forma-se uma "ferrugem" verde, que é então retirada e purificada simplesmente dissolvendo-a de novo em vinagre destilado e cristalizando-a. Esse é o "verdete destilado", ou "verde eterno"
62. Nicholas Culpeper. *Culpeper's Complete Herbal.* [1923]. Foulsham & Co. p. 416.
63. Essas expressões foram utilizadas originalmente para descrever dois métodos de purificação do ouro.
64. "Tudo sai do mistério e a ele retorna." *Summa Theologia.* Santo Tomás de Aquino.
65. 1978. Royal Asiatic Society, Londres, p. 67.
66. Isso tem o propósito de impedir o congelamento e formar um lacre.